Judith Hinrichs

Social Engineering

Grundlagen der Manipulation und Präventionsmaßnahmen für Unternehmen

Bibliografische Information der Deutschen Nationalbibliothek:

Die Deutsche Nationalbibliothek verzeichnet diese Publikation in der Deutschen Nationalbibliografie; detaillierte bibliografische Daten sind im Internet über http://dnb.d-nb.de abrufbar.

Impressum:

Copyright © Studylab 2019

Ein Imprint der Open Publishing GmbH, München

Druck und Bindung: Books on Demand GmbH, Norderstedt, Germany

Coverbild: Open Publishing GmbH | Freepik.com | Flaticon.com | ei8htz

Inhaltsverzeichnis

1 Einleitung

Ein minderjähriger amerikanischer Trickbetrüger und Hochstapler erschleicht in den 1960er Jahren mit gefälschten Schecks vier Millionen Dollar, jettet als vermeintlicher Pan-Am-Pilot um die Welt, arbeitet über ein Jahr lang mit gefälschten Zeugnissen und einem Titel als Arzt in einem Krankenhaus und wird dann Anwalt in der Kanzlei eines erfolgreichen Staatsanwalts, mit dessen Tochter er sich verlobt.

Dieser vollkommen undenkbare Lebenslauf kommt möglicherweise dem einen oder anderen bekannt vor, als Handlung aus dem Film „Catch Me If You Can". Und er entspricht tatsächlich der wahren Geschichte von Frank Abagnale, einem US-amerikanischen Unternehmer, gespielt von Leonardo DiCaprio, der die Erwartungen seiner Umwelt in jeder Situation erfüllt und täuschend echt verschiedenste Berufe ausübte, ganz ohne diese gelernt zu haben.

Doch wie funktioniert dieser Schwindel? Die Antwort auf diese Frage lautet schlichtweg: Social Engineering. Was hier als unterhaltsamer und medienwirksam aufbereiteter Kinofilm über die Leinwände flackert ist in Wahrheit ein Paradebeispiel für die erfolgreiche Anwendung verschiedenster Techniken der Manipulation im Rahmen des Social Engineerings. Unter Zuhilfenahme von Titeln, passenden Uniformen und bestimmten Insignien schafft es Frank Abagnale immer wieder, seine Mitmenschen von seiner Seriosität zu überzeugen und mit einer verblüffenden Sicherheit und Ruhe hinters Licht zu führen.

Unter Social Engineering könnte man also so viel verstehen, wie die Manipulation anderer Personen unter Ausnutzung gewisser Besonderheiten der menschlichen Psyche. Da gerade bei der elektronischen Datenverarbeitung der Datenklau ein sehr relevantes Thema ist, fasst man im Rahmen der IT-Sicherheit unter Social Engineering die Ausbeutung menschlicher Schwachpunkte in der Informations- und Datensicherheit, bei der die Nutzer mit psychologischen Techniken zur Herausgabe diskreter Informationen veranlasst werden (Lipski, 2009).

Sowohl im täglichen Leben, als auch in Unternehmen kann Social Engineering zu immens hohen materiellen und immateriellen Schäden führen. Unternehmen haben dabei in erster Linie mit den enormen finanziellen Schäden zu kämpfen, die im Zuge eines erfolgreichen Social Engineering Angriffs entstehen. Im Rahmen einer Spezialstudie zum Wirtschaftsschutz bat der deutsche Digitalverband Bitkom im Januar 2016 rund 350 der von Social Engineering Angriffen betroffenen Industrieunternehmen, den für sie dadurch entstandenen finanziellen Schaden zu schätzen. Das Ergebnis: Alleine in den letzten zwei Jahren kam es zu einer geschätzten

Schadenssumme von 44,7 Milliarden Euro (Bitkom, 2016). Neben den erheblichen finanziellen Verlusten sind weitere typische Folgen von Social Engineering Angriffen auf Unternehmen Imageverlust, Verlust von Wettbewerbsvorteilen, Vertrauensverlust und Probleme mit Kunden oder Lieferanten infolge gestohlener personenbezogener Daten.

Gerade in Zeiten der immer weiter voranschreitenden Digitalisierung ist dieses Thema also von höchster Relevanz und wird aus diesem Grund in der vorliegenden Arbeit genauer beleuchtet. Ziel ist ein umfassender und verständlicher Einblick in das Thema Social Engineering sowie die Vermittlung hilfreicher und praktischer Maßnahmen, um eine effektive Prävention gegen Social Engineering Angriffe sowie einen optimalen Schutz sensibler Daten im Unternehmen zu gewährleisten. Im ersten Teil erfolgen daher eine Begriffsbestimmung sowie die Darstellung diverser Angriffstechniken. Im zweiten Teil liegt der Fokus auf der Manipulation und den psychologischen Mechanismen, die bei menschlichen Denk- und Entscheidungsprozessen eine Rolle spielen. Außerdem wird ein erster Einblick vermittelt, wie Social Engineers diese Mechanismen im Rahmen ihrer Arbeit nutzen. Zum Abschluss erfolgt die Erläuterung einiger Präventions- und Schutzmaßnahmen.

2 Social Engineering

2.1 Definition

Die Materie des Social Engineerings ist weitreichend So viele Diskussionen und selbst ernannte Social Engineers es gibt, so viele verschiedene Definitionen kursieren auch. Auf den Punkt gebracht bezeichnet Social Engineering in der IT-Sicherheit Angriffsmethoden, bei denen Personen durch bestimmte Handlungen vom Angreifer manipuliert werden. Dies veranlasst sie dazu, etwas zu tun, was für sie nicht unbedingt vorteilhaft ist, wie beispielsweise sensible und vertrauliche Informationen von Unternehmen oder Privatpersonen preiszugeben (Hadnagy, 2014; DATEV-Gesamtsicherheitsgremium & Deutschland sicher im Netz e.V., 2015). Dabei werden menschliche Eigenschaften und Schwächen ausgenutzt und bewusst soziale Beziehungen aufgebaut, um die Opfer anschließend effektiv auszunutzen (Fleischer, 2016).

Stellt man einer Gruppe von Sicherheitsfanatikern die Frage „Was ist Social Engineering?", erhält man darauf Antworten mit Vermutungen wie „Beim Social Engineering belügt man andere, um Informationen zu bekommen" oder es „ist gemeint, dass man ein guter Schauspieler ist" (Hadnagy, 2011, S. 29). Doch die Hintergründe dieser Angriffstechniken sind weitaus vielfältiger und verlangen ein tiefgreifendes Beschäftigen mit den Funktionsweisen und Abläufen der menschlichen Psyche. Dies wird der zweite Teil dieser Arbeit verdeutlichen.

Um für ein besseres Verständnis zu sorgen, wird im Folgenden zunächst auf die unterschiedlichen Arten von Social Engineering sowie die Vorgehensweisen der Social Engineers eingegangen.

2.2 Arten von Social Engineering

Social Engineering Angriffe können auf unterschiedlicher Basis durchgeführt werden. Es werden daher drei Arten von Social Engineering unterschieden: Human-Based Social Engineering, Computer-Based Social Engineering und Reverse Social Engineering (Maro, 2012).

2.2.1 Computer-Based Social Engineering

Wie der Name schon sagt, erfolgt der Angriff hier durch technische Hilfsmittel und über den Computer. Dabei kommen Methoden wie Mailanhänge, Popup-Fenster oder manipulierte Internetseiten zum Einsatz. (Baumann, Schimmer & Fendl, 2007).

Wie in Kapitel 2.3.5 noch detaillierter dargestellt wird, nutzen Social Engineer im Rahmen des Computer-Based Social Engineering zudem oft Phishing und Vishing, um Informationen zu sammeln.

2.2.2 Human-Based Social Engineering

Das Gegenteil zum Computer-Based Social Engineering bildet das Human-Based Social Engineering. Dort wird zum Großteil auf soziale Beziehungen gesetzt, Informationen werden durch direkte soziale Annäherung an die Person beschafft. Für diese Art des Angriffs benötigt der Social Engineer so viele Informationen wie möglich über die Organisation, die er angreift. Dafür stehen ihm diverse Möglichkeiten zur Verfügung, wie zum Beispiel das Durchwühlen von Müll, die Kontaktaufnahme über das Telefon oder persönlich, das Belauschen in der Öffentlichkeit oder die Informationssammlung im Internet und in sozialen Netzwerken (Schumacher, 2013). Näheres zu den Vorgehensweisen der Social Engineers wird in Kapitel 2.3 erläutert.

2.2.3 Reverse Social Engineering

Die letzte Angriffsform wirkt auf Außenstehende besonders gewieft, da das Opfer hier dazu gebracht wird, seinem Angreifer freiwillig und aktiv die gewünschten Informationen zu übermitteln. Als kurzes Beispiel eignet sich folgendes Szenario: Der Angreifer schlüpft in die Rolle eines Supportmitarbeiters, stellt sich beim Opfer telefonisch als solcher vor und hinterlässt, vermeintlich netterweise, auch noch seine Telefonnummer für den Fall, dass ein Problem auftritt. Anschließend sorgt der Social Engineer mit seinen IT-Kenntnissen dafür, dass ein solches Problem tatsächlich auftritt und der Mitarbeiter den Support um Hilfe bittet. Nun ist es für den Angreifer ein Leichtes, von seinem Opfer eine Menge Informationen über Zugangsdaten und ähnlichem zu erfahren (Baumann, Schimmer & Fendl, 2007).

So ist die Chance des Kriminellen, beim Reverse Social Engineering ertappt zu werden, deutlich geringer, als bei anderen Angriffsformen.

2.3 Methoden der Informationssammlung

„Keine Information ist nutzlos" (Hadnagy, 2014, S.56). So lauter der Leitsatz von Social Engineers und daraus lässt sich auch der Grundbaustein eines erfolgreichen Social Engineering Angriffs ableiten: Informationen sammeln. Dabei geht es vorwiegend darum, die Abläufe in Unternehmen zu durchschauen. Außerdem liegt der Fokus der Angreifer auf der Zielperson, mit deren Stärken und Schwächen, sowie ihren sozialen Interaktionen im Alltag und ihre Art, zu kommunizieren. Richtig umgesetzt führt das nachfolgend dazu, dass der Social Engineer das Gefühl vermitteln kann, ein Teil der gleichen Gruppe zu sein, wie seine Zielperson. Diese „Gemeinsamkeit" ist ein sehr wichtiger Schritt zur Herausgabe von sensiblen Informationen (Hadnagy, 2014).

Wie oben erwähnt, ist für einen Social Engineer jede noch so kleine Information von Bedeutung. Einige typische Informationen versucht jeder Angreifer, unabhängig von der Art des Angriffs, in seiner Vorbereitung zu sammeln.

- Telefon- und Mitarbeiterlisten

- Organigramme und im Unternehmen herrschende Hierarchiestrukturen

- Für das Unternehmen zuständige Dienstleister und Zulieferer

- Raumpläne

- Memos und Briefe, die Durchwahlen oder Abteilungsbezeichnungen enthalten

- Technische Daten, wie Netzwerkadressen und Computernamen

- Funktionsweise von installierten Zugangskontrollsystemen

- Im Unternehmen herrschende Arbeitsanweisungen

- Prozessbeschreibungen zu Abläufen insbesondere aus dem IT-Support

- Entsorgung von Datenträgern

(Baumann, Schimmer & Fendl, 2007)

Das Sammeln von Informationen lässt sich dabei mit dem Bau eines Hauses vergleichen. Wenn man dabei mit dem Bau des Dachs anfängt, wird der Hausbau wohl kaum erfolgreich. Baut man jedoch auf einem soliden Fundament, so kann das Vorhaben Erfolg versprechen (Hadnagy, 2011). Versucht ein Social Engineer also direkt, Zugang zu einem Gebäude zu bekommen, ohne sich vorher über Sicherheitssysteme und Einlasskontrollen zu informieren, wird sein Vorhaben vermutlich scheitern. Eignet er sich jedoch zuvor Hintergrundwissen über die Abläufe im Unternehmen an, baut sein Angriff auf einem soliden Fundament an Grundwissen auf und erleichtert das Erreichen des Ziels.

Für das Sammeln von Informationen im Rahmen des Social Engineerings haben sich im Laufe der Jahre viele Quellen und Methoden entwickelt, die im Folgenden dargestellt werden.

2.3.1 Trashing oder Dumpster Diving

Übersetzt man das wörtlich, bedeutet es „Mülleimertauchen". Und genau so funktioniert eine der wichtigsten, effektivsten und gleichzeitig ältesten Arten der Informationsbeschaffung. Dazu wird in den Abfallcontainern von Firmen und Unternehmen nach interessanten und hilfreichen Informationen gesucht. Diese sind dort sogar sehr häufig zu finden. Ein typischer Fehler, der bei der Entsorgung von Müll gemacht wird, ist beispielsweise, dass Unterlagen mit sensiblen Informationen vorher nicht mittels eines Aktenvernichters unlesbar gemacht werden oder diese Aktenvernichter nicht ausreichend schreddern, sodass die Streifen einfach wieder zusammengesetzt werden können. Außerdem werden beispielsweise Organigramme und Telefonbücher einfach entsorgt, weil sie als vermeintlich unwichtige Informationen eingestuft werden. Ebenso landen Post-It-Zettel mit Zugangsdaten und Passwörtern einfach im Mülleimer. So wird Dumpster Diving für Kriminelle möglicherweise zu einer der lohnendsten Aktionen im Rahmen der Informationssammlung (Long u. a., 2008).

2.3.2 Über das Telefon

Das Telefon ist vielen Social Engineers das liebste Mittel zur Kontaktaufnahme. Es ist recht anonym und ermöglicht es daher, eine gewisse Distanz zum Opfer zu wahren und seine eigene Identität geschickt zu tarnen (DATEV-Gesamtsicherheitsgremium & Deutschland sicher im Netz e.V., 2015). Mittels gewisser Vorangriffe, durch die der Social Engineer Daten über firmeninterne Abläufe, Prozesse und Fachtermini sowie Informationen über die Unternehmensstruktur und Kollegen ermitteln konnte, gelingt es ihm, perfekt in seine Rolle zu schlüpfen und ein gutes und wichtiges Vertrauensverhältnis zu seinem Opfer aufzubauen. Oft wird dies durch mehrfache unauffällige Anrufe über einen gewissen Zeitraum unterstützt, durch die sich der Social Engineer nach und nach ein eigenes Bild vom Opfer sowie dessen Interessen und Vorlieben macht. Nicht selten zielt die Reset Frage eines Passwortes auf das Haustier, die Straße oder ähnliche persönliche Informationen ab. So kann der Angreifer beispielsweise in einem simplen Small Talk über Hobbys oder Familie eine unauffällige Frage zu seiner gewünschten Information stellen, durch die sein Gesprächspartner meist gar nicht bemerkt, dass er gerade Opfer eines Social Engineering Angriffs geworden ist und wichtige Auskünfte gegeben hat. Daher würde ein professioneller Social Engineer das Gespräch auch niemals gleich nachdem er seine gewünschte Information bekommen hat, beenden (Stöcker, 2011). Menschen erinnern sich im Nachhinein vor allem an den Anfang und das Ende des Gesprächs, aber nicht an einzelne und vermeintlich nebensächliche Fragen zwischendurch (DATEV-Gesamtsicherheitsgremium & Deutschland sicher im Netz e.V., 2015).

Das Gespräch per Telefon ist daher zwar eine aufwändigere, aber recht ungefährliche Variante der Informationssammlung.

2.3.3 Vor Ort

Eine oft sehr einfache Möglichkeit, an Informationen zu gelangen, ist die Datensammlung vor Ort. In vielen Unternehmen finden sich Aushänge des Betriebsrats mit einigen Namen, Daten von Veranstaltungen und interessantem „Insiderwissen" zu derzeitigen Themen in diesem Unternehmen. Ein weiterer wunder Punkt sind leere Büros und Meetingräume. Auch wenn es meistens Sicherheitsvorschriften gibt, die besagen, dass diese Räume beim Verlassen abgeschlossen werden müssen, hält sich noch lange nicht jeder Mitarbeiter zuverlässig daran. Diese Sicherheitslücke können Kriminelle nutzen, um ihre Opfer in deren Büros durch Fotos von der Familie oder Hinweise auf Hobbys etc. besser „kennenzulernen". In Meetingräumen finden sich zudem häufig noch beschriebene Flipcharts, die ebenfalls interessante Informationen beinhalten können (Baumann, Schimmer & Fendl, 2007).

Eine fast schon zu offensichtliche Möglichkeit, an betriebsinterne Informationen zu gelangen, stellt die Kantine da. Häufig wird in der Mittagspause ebenfalls über die Arbeit und möglicherweise unbewusste über vertrauliche Themen geredet, sodass ein Social Engineer diese Gespräche nur unbemerkt belauschen muss, um daraus hilfreiche Informationen ziehen zu können (Baumann, Schimmer & Fendl, 2007).

2.3.4 Lauschangriff in der Öffentlichkeit

Eine ebenfalls einfache und oft ungeahnte Möglichkeit, an Informationen zu gelangen, stellt das Belauschen in der Öffentlichkeit dar. Oft wird im Zug oder in der Bahn auf dem Heimweg von der Arbeit noch ein Handytelefonat mit einem Kollegen erledigt. Dabei wird natürlich zwangsläufig über firmeninterne Abläufe oder sonstige vertrauliche Informationen geredet, die auch für die anderen Fahrgäste gut vernehmbar sind. (Pohlmann & Linnemann, 2010).

Auch im privaten Bereich bietet sich zum Teil die Gelegenheit zur Informationssammlung. Bei Feiern und Partys unter Freunden und im Kreise der Familie fühlt man sich meist sicher und vertraut den anwesenden Personen. Unter Einfluss von Alkohol lässt man dem aufgestauten Ärger über den Chef oder die Kollegen freien Lauf, wobei vielmals berufliche Interna preisgegeben werden. Oft vergisst man dabei, dass die Anwesenden zwar das eigene Vertrauen genießen, die Informationen danach aber trotzdem nicht mehr vor willkürlicher Weitergabe geschützt sind (Baumann, Schimmer & Fendl, 2007).

Doch ein Lauschangriff ist nicht immer zwangsläufig nur auf das Belauschen von Gesprächen beschränkt. Vielmehr geht es dabei um das generelle Sammeln von Informationen und Daten, mit der Besonderheit, dass das Opfer dabei nicht bewusst mit dem Social Engineer in Kontakt tritt. Daher fallen unter den Begriff „Lauschangriff" auch die indirekten und unpersönlichen Angriffe, bei denen das Internet zu Hilfe genommen wird. Oft begegnen einem hierbei Begriffe wie Malware, Spyware, Phishing oder Vishing. Diese werden im folgenden Abschnitt, über Lauschangriffe im Internet, näher erläutert.

2.3.5 Lauschangriff über das Internet

Die Verbreitung von sogenannter „Malware" äußert sich durch die unbemerkte Installation von verschiedenen Programmen auf dem Rechner des Opfers, die bei diesen Schäden verursachen, da sie in der Lage sind, zum Beispiel Tastatureingaben mitzulesen oder sogar den Computer fernzusteuern und das Opfer somit effektiv auszuspionieren (DATEV-Gesamtsicherheitsgremium & Deutschland sicher im Netz e.V., 2015). Laut einer Studie der Firma „Panda Security", ist durchschnittlich jeder vierte Computer in Deutschland mit einer Malware infiziert (Röttgerkamp, 2018). Als Beispiele für solche Schadprogramme, die vielen zumindest vom Namen her geläufig sind, lassen sich Viren oder Trojaner nennen. Diese werden über die Anhänge von E-Mails oder über manipulierte Internetseiten verbreitet (DATEV-Gesamtsicherheitsgremium & Deutschland sicher im Netz e.V., 2015).

Auch der Begriff des „Phishing" ist vielen geläufig. Trotzdem tappen immer wieder Nutzer in die Falle von gefälschten E-Mails oder Websites, die nach Passwörtern oder Bankdaten fragen. Phishing leitet sich von dem englischen Wort für „Fishing" ab, was so viel wie Angeln bedeutet. Und genau das tun Social Engineers hier auch. Über authentisch gefälschte E-Mails, von vertrauenswürdigen Firmen, wie PayPal oder Ebay, deren Dienste im Normalfall freiwillig genutzt werden, leiten sie ihre Opfer auf präparierte Webseiten weiter, bei denen diese dann ihre privaten Zugangsdaten eingeben müssen. Die Angreifer begründen diese Anfragen beispielsweise mit der Verbesserung der Kontosicherheit oder einem ähnlichen Vorwand, der dem Kunden am Herzen liegt. Sie angeln also nach den persönlichen Daten ihrer Opfer (DATEV-Gesamtsicherheitsgremium & Deutschland sicher im Netz e.V., 2015).

Eine Abwandlung des Phishings stellt das „Vishing" dar. Abgeleitet ist dieser Begriff von der Langform „Voice Fishing". Hierbei nutzen Angreifer die geringen Kosten der Internettelefonie, um mittels eines Ansagetextes in kurzer Zeit eine große Anzahl Telefongespräche zu führen. Hierbei wird beispielsweise behauptet, dass eine Kreditkarte verloren gegangen sei. Um eine Sperrung oder Ähnliches zu veranlassen, sollen dann PIN- oder TAN-Codes über die Telefontastatur eingegeben werden. So können die Social Engineers schnell und einfach sensible Daten abfragen (Dunham, 2008).

Eine andere Form des Vishings wurde bereits unter dem Punkt „Reverse Social Engineering" angesprochen. In einer E-Mail oder persönlich wird dem Mitarbeiter die Nummer vom angeblichen IT-Service mitgeteilt, an den er sich bei Problemen wenden kann. Bei dem dann auftretenden Problem wendet sich der Hilfesuchende bewusst an den Social Engineer und dieser kann, durch Ausnutzen des entgegengebrachten Vertrauens, alle gewünschten Informationen erlangen (DATEV-Gesamtsicherheitsgremium & Deutschland sicher im Netz e.V., 2015).

2.3.6 Soziale Netzwerke

Sie werden immer populärer und viele Menschen können sie sich kaum noch aus ihrem Leben wegdenken: Die Sozialen Netzwerke. Weltweit nutzen beispielsweise über zwei Milliarden Menschen aktiv Facebook (Hutter, 2018). Für viele stellt dies eine einfache Art und Weise der Kommunikation und zum Austausch dar. Somit nutzen auch zunehmend Organisationen und Unternehmen die Sozialen Medien, um Kunden anzuwerben, Informationen über Events oder neue Produkte bekannt zu geben und Pressemitteilungen zu verbreiten. Doch oft wird vergessen, dass in den Weiten der Sozialen Netzwerke nicht nur potentielle Kunden, sondern auch Kriminelle unterwegs sind, die die Fülle an preisgegebenen Informationen systematisch sammeln, um so beispielsweise einen optimalen Social-Engineering Angriff planen können (Leinemann, 2013).

3 Manipulation

Manipulation lässt sich definieren, als „Prozess, jemanden dazu zu bringen, dass er so handeln, reagieren, denken oder glauben *will*, wie *Sie* es für ihn wollen." (Hadnagy, 2011, S. 231). Einfach übersetzt heißt dies: Man bringt jemanden dazu, so zu handeln, zu denken und möglicherweise sogar zu glauben wie man selber es will. Dabei glaubt das Gegenüber, dass es sein eigener Wille sei. Das Besondere an gut angewendeter Manipulation ist, dass der Manipulierte meist nicht merkt, wie ihm geschieht und den Angreifer somit nicht überführen kann (Hadnagy, 2011).

Um nachvollziehen zu können, wie Social Engineers die Kunst der Manipulation nutzen um die Opfer nach ihren Wünschen zu beeinflussen, werden in diesem Kapitel die grundlegenden Beeinflussungsmethoden, die sich die Angreifer dabei zu Nutze machen, erläutert. Dazu zählen Reziprozität, Knappheit, Commitment und Konsistenz, soziale Bewährtheit, Sympathie und Autorität. Jeder Abschnitt zeigt kurz, wie die jeweilige Technik funktioniert und auch außerhalb des Social Engineerings, zum Beispiel im Bereich der Medien oder der Politik, eingesetzt wird. Darüber hinaus werden die Vorteile, die ein Social Engineer aus dieser Taktik zieht, dargestellt.

3.1 Reziprozität

Die Theorie der Reziprozität beschreibt eine wechselseitige Beziehung, die dazu führt, dass Menschen sich dazu verpflichtet fühlen, sich für erhaltene Geschenke, Gefälligkeiten und dergleichen zu revanchieren (Schumacher, 2013). Gleichzeitig wird damit die inhärente Erwartung ausgelöst, dass, wenn man von anderen gut behandelt wird, auch selber entsprechend reagiert (Hadnagy, 2011). Das bedeutet: Wenn Menschen etwas erhalten, motiviert sie dies dazu, eine Gegenleistung zu erbringen. Auf der anderen Seite erhöht dieses Verhalten die eigene Erwartung, dass sich das Gegenüber ebenfalls mit einem Gefallen revanchiert.

Alvin Gouldner formulierte in seinem Werk *The Norm of Reciprocity: A Preliminary Statement* im Jahre 1960 zwei Prinzipien, die bei der Reziprozitätsnorm eine Rolle spielen. Zum einen heißt es so viel wie „Hilf denen, die dir in der Vergangenheit bereits geholfen haben" (Gouldner, 1960, S. 163), zum anderen sagt er „Du sollst denen, die dir in der Vergangenheit geholfen haben, nicht schaden" (Gouldner, 1960, S. 163).

Der bekannte kenianische Archäologe Richard Leaky behauptete zudem, dass wir Menschen sind, weil unsere Vorfahren gelernt haben, ihre Nahrung, Fähigkeiten und Kompetenzen in einem respektierten Netz aus Verpflichtungen zu teilen (Leaky & Lewin, 1978). Demnach gilt das Reziprozitätssystem also als Grundlage für unser Menschsein.

Für die Gesellschaft bedeutet die Reziprozitätsnorm deutliche Wettbewerbsvorteile. Erst dieses starke Gefühl des Verpflichtetseins hat in der menschlichen Evolution dazu beigetragen, dass man sich gegenseitig zum Beispiel Nahrung schenken konnte, ohne Angst haben zu müssen, dass einem dieses Geschenk verloren ging. Ressourcen konnten effektiver genutzt werden, durch gegenseitige Hilfeleistungen, was den Gesellschaften deutliche Vorteile brachte. Danach ist es nicht ungewöhnlich, dass die Regel der Reziprozität nach dem Sozialisationsprozess, der von jedem Menschen durchlaufen wird, so fest in uns verankert ist (Cialdini, 2017).

Robert B. Cialdini erzählt in seinem Buch „Die Psychologie des Überzeugens", aus dem Jahre 2017, von einem Brief, den er von einer Lehrerin erhalten hat. Diese schrieb, dass sie in einem Grammatiktest einer fünften Klasse die Schüler nach der Zukunftsform von „ich gebe" fragte. Ein Schüler beantwortete dies mit „ich nehme". Die Antwort des Jungen unterstreicht, wie tief die weitreichende gesellschaftliche Regel von Geben und Nehmen in sozialen Gefügen verankert ist.

Ein Experiment, welches die Wirkung der Reziprozitätsregel verdeutlicht, ist das des Psychologen Dennis Regan (1971). Er ließ zwei Versuchspersonen, im Rahmen einer angeblichen Untersuchung zum Thema Kunstverständnis, einige Bilder beurteilen. Eine der Versuchspersonen war dabei ein Assistent von Regan. Das Experiment fand mit verschiedenen Personen unter unterschiedlichen Bedingungen statt. Manchen Personen tat der Assistent einen kleinen Gefallen, indem er in einer Pause verschwand und danach zwei Flaschen Cola mitbrachte, eine für sich und eine für die andere Versuchsperson. In den anderen Fällen tat der Assistent der anderen Person keinen Gefallen. Nachdem die Bewertung der Bilder abgeschlossen war, erzählte der Assistent, er sei Losverkäufer und müsse noch ein paar Lose verkaufen. Bei den Personen, denen er zuvor die Cola spendiert hatte, machte er nun deutlich mehr Umsatz, als bei der Kontrollgruppe, der er keine Cola mitgebracht hatte (Regan, 1971). Das Ergebnis zeigt, dass das Gefühl, dem spendablen „Verkäufer" etwas schuldig zu sein, die Menschen dazu bringt, sich erkenntlich zu zeigen und eine Gegenleistung zu erbringen. Interessant ist auch, dass die Sympathie, die die anderen Personen dem Assistenten gegenüber empfanden, hier überhaupt keine Rolle bei ihrem Kaufverhalten spielte. Die Reziprozitätsregel hat eine so starke Wirkung auf den Menschen, dass sie andere Faktoren, die normalerweise die Entscheidung beeinflussen, einfach ausschaltet (Cialdini, 2017).

Im Rahmen des bereits erwähnten Sozialisationsprozesses setzt die Gesellschaft, aufgrund der genannten Vorteile, alles daran, ihre Mitglieder in der Form zu sozialisieren, dass sie die Reziprozitätsregel einhalten und nach ihr leben. Personen die sich nicht daran halten, treffen soziale Sanktionen. Sie gelten als egoistisch, geizig, selbstsüchtig oder undankbar. Um dies unter allen Umständen zu vermeiden, werden wir oft Opfer der Leute, die darauf abzielen, aus unserem Solidaritätsgefühl Profit zu schlagen (Cialdini, 2017).

Ein gutes Beispiel im kommerziellen Bereich liefern Gratisproben. Kunden erhalten diese, um herauszufinden, ob sie das Produkt mögen und sich möglicherweise davon überzeugen zu lassen. Gleichzeitig stellt diese Gratisprobe jedoch auch ein Geschenk dar und ist somit in der Lage, das Reziprozitätsprinzip in Aktion treten zu lassen (Cialdini, 2017).

Auch Social Engineer missbrauchen die evolutionär tief im Menschen verankerte Reziprozitätsregel zu ihren Zwecken. So kann der Angreifer sein Opfer zuerst mit scheinbar nützlichen Informationen versorgen oder ihm einen Gefallen tun, um anschließend selbst um Informationen zu bitten und diese dann mit höherer Wahrscheinlichkeit zu bekommen.

Eine weitere Folge der Reziprozitätsnorm ist es, Zugeständnisse zu machen. Wenn unser Gegenüber in seiner Forderung ein Zugeständnis macht, uns also ein Stück weit entgegenkommt, dann reagieren wir ebenfalls mit einem Zugeständnis - so entstehen Kompromisse. (Schumacher, 2013).

Eine Taktik, die auf diesem Verfahren basiert nennt sich „Neuverhandeln-nach-Zurückweisen-Taktik". Ein dazu durchgeführtes Experiment von Robert B. Cialdini und seinen Kollegen verdeutlicht die Funktionsweise dieser Technik. Die Forscher sprachen einige Studenten an und fragten sie, ob sie bereit wären, eine Gruppe von jugendlichen Straftätern bei einem Ausflug in den Zoo zu begleiten und zu beaufsichtigen. Eine große Mehrheit der Studenten (83 Prozent) schlugen diese Bitte ab. In einem anderen Versuchsaufbau wurden die Studenten zunächst gefragt, ob sie sich bereit erklären würden, zwei Jahre lang immer zwei Stunden die Woche als Berater für jugendliche Straftäter behilflich zu sein. Unmittelbar nach Ablehnung dieser äußerst großen Bitte wurden die Studenten erneut um die Begleitung bei dem Ausflug in den Zoo gebeten. Die Zustimmungsrate viel nun deutlich höher aus. Insgesamt erklärten sich dreimal so viele Studenten bereit, die Gruppe der jugendlichen Straftäter im Zoo zu beaufsichtigen (Cialdini, Vincent, Lewis, Catalan, Wheeler & Darby, 1975).

Der Rückzug von einer großen auf eine kleinere Bitte wird von den Studenten als Zugeständnis seitens des Fragenden gesehen. Dies löst bei Menschen das Gefühl aus, ebenfalls mit einer Konzession reagieren zu müssen, sodass die Studenten die zweite Bitte nun annahmen. Objektiv betrachtet kann es sich dabei also trotzdem um eine große Bitte handeln, solange sie kleiner ist als die Erste (Cialdini, 2017).

Eine weitere Taktik der Social Engineers ist es hier, dass ein Angreifer beispielsweise erst eine hohe Forderung stellt indem er die Preisgabe von Kundendaten verlangt. Wird dies abgelehnt, bittet er beispielsweise um die Namen der Zulieferer des Unternehmens oder ähnliche vermeintlich weniger sensible Daten. Er hat also ein Zugeständnis gemacht, was sich positiv auf die Hilfsbereitschaft seines Gegenübers auswirkt (Weßelmann, 2008).

Ebenso ist es unter Social Engineers beliebt, sich Teile des oben beschriebenen Reverse-Social-Engineerings zu Nutze zu machen. Dabei gibt sich der Angreifer als Mitarbeiter des IT-Services aus und hilft dem Mitarbeiter bei einem vorher absichtlich herbeigeführten IT-Problem. Anschließend ist es für den vermeintlichen Servicemitarbeiter ein Leichtes, die Dankbarkeit des Opfers auszunutzen, um eine andere Hilfe als Gegenleistung zu fordern. Dabei handelt es sich zum Beispiel um die Preisgabe von Passwörtern oder ähnlichen privaten Daten, meistens, um angeblich einer dritten Person aus der Klemme zu helfen (Weßelmann, 2008).

Aufgrund der Kraft des Reziprozitätsprinzips in der menschlichen Interaktion, stellt es einen Grundpfeiler der Datenbeschaffung durch Social Engineering dar. Die folgenden beiden Faktoren sind eng mit diesem Prinzip verknüpft.

3.2 Commitment und Konsistenz

Robert B. Cialdini schreibt in seinem Buch *Die Psychologie des Überzeugens*: „Haben wir erst einmal eine Entscheidung getroffen oder einen Standpunkt eingenommen, begegnen uns intrapsychische und interpersonelle Kräfte, die uns dazu drängen, uns in Übereinstimmung mit dieser Festlegung zu verhalten" (Cialdini, 2017, S.94). Diese Aussage verdeutlicht sehr gut das Bestreben und nahezu zwanghafte Verhalten eines Menschen, konsistent zu sein oder zu erscheinen und in Konsistenz mit unserem früheren Verhalten zu agieren.

Eine Studie der beiden kanadischen Psychologen Robert E. Knox und James A. Inkster (1968) zeigte, dass Personen, die bei Pferderennen Geld auf ein Pferd setzen, nach dem Wetteinsatz deutlich zuversichtlicher bezüglich der Gewinnchancen ihres Pferdes sind als noch vor dem Einsatz des Geldes. Die im Menschen wirkenden

Kräfte veranlassen ihn dazu, so zu reagieren, dass er sich selber davon überzeugt, dass die getroffene Entscheidung gerechtfertigt ist und fühlt sich dadurch wohler damit (Fazio, Blascovich & Driscoll, 1992).

Viele bekannte Psychologen und Theoretiker wie Fritz Heider (1946), Theodore Newcomb (1953) oder Leon Festinger (1957) sind der Meinung, dass das menschliche Verlangen nach Konsistenz ein zentrales psychologisches Motiv ist. Die Wirkung, mit der das Bedürfnis nach konsistentem Verhalten uns Dinge tun lässt, die grundsätzlich gegen unsere eigenen Interessen verstoßen, verdeutlicht auch das nächste Experiment von Thomas Moriarty aus dem Jahre 1975. An einem Strand in New York breitete ein Assistent des Forschers sein Handtuch neben einem zufälligen ausgewählten Menschen aus, der nun die Versuchsperson darstellt. Nachdem der Assistent ein paar Minuten auf seinem Handtuch lag und aus einem tragbaren Radio Musik gehört hatte, stand er auf und ging weg. Nach kurzer Zeit erschien einer der Versuchsleiter, nahm sich das Radio und rannte damit davon. In diesem Versuchsaufbau versuchten nur vier von 20 Versuchspersonen, den Diebstahl zu vereiteln. In einer Abwandlung dieses Versuchs bat der Assistent vor seinem Verschwinden die Versuchsperson darum, auf sein Radio aufzupassen. Nun verfolgten 19 von 20 Personen den Dieb und versuchten, ihn zu stellen. Ein Ergebnis des Drucks der Konsistenzregel, der nach dem Versprechen auf der Versuchsperson lastet (Moriarty, 1975).

Die Konsistenzregel ist fester Bestandteil der menschlichen Psyche, da sie sowohl für die Gesellschaft als auch für das Individuum einen hohen Nutzen hat. Anderen Personen ermöglicht konsistentes Verhalten, eine Person besser einschätzen und ihr Verhalten besser voraussagen zu können (Schumacher, 2013). Dem Individuum ermöglicht Konsistenz, auch in komplexen Situationen automatisch zu reagieren, ohne sich gedanklich mit der Flut von Informationen zu beschäftigen, die regelmäßig auf uns einströmt (Cialdini, 2017). Ein Social Engineer kann sich dies zu Nutze machen, in dem er einen solchen automatisierten Denkprozess bei seinem Opfer auslöst und es zu seinen Gunsten handeln lässt. Hat man die Macht des Konsistenzprinzips begriffen und es als wichtiges psychologisches Prinzip anerkannt, stellt sich nun dann jedoch die Frage, wie diese Kraft aktiviert wird. Was führt dazu, dass man in Einklang mit einem bestimmten Standpunkt handelt? Wissenschaftler sehen als Erklärung dafür das so genannte Commitment - eine Festlegung auf etwas, eine innere Verpflichtung. Wurde ein Mensch dazu gebracht, ein Commitment abzugeben, hat er also einen Standpunkt eingenommen, ist die Basis dafür geschaffen, dass er von nun an in Einklang mit dieser Festlegung agiert (Cialdini, 2017).

Eine Commitment-Taktik kann beispielsweise angewendet werden, um möglichst viele Leute zur Spendensammlung für eine wohltätige Einrichtung zu gewinnen. Dafür rief der Sozialpsychologe Steven J. Sherman eine Stichprobe aus Einwohnern einer amerikanischen Stadt an und ließ sie einschätzen, wie wahrscheinlich es ist, dass sie drei Stunden lang Spenden für krebskranke Kinder sammeln, wenn sie jemand danach fragen würde. Die meisten Befragten gaben natürlich an, dass sie helfen würden, um nicht als kaltherzig und unsozial dazustehen. Einige Tage später rief tatsächlich ein Mitarbeiter der amerikanischen Krebshilfe an und bat die Einwohner um Mithilfe bei der Spendensammlung. Nun zeigte sich, dass der Anteil von Zusagen bei den Personen, die einige Tage zuvor bereits zu ihrer Hilfsbereitschaft befragt wurden, siebenmal so hoch war, wie bei der Vergleichsgruppe (Sherman, 1980).

Damit das Commitment aber auch wirklich Einfluss auf das Selbstbild und das Verpflichtungsgefühl einer Person hat, sollten optimalerweise bestimmte Bedingungen erfüllt sein. Auch ein Social Engineer wird bei seinem Angriff auf Basis von Commitment und Konsistenz darauf achten, dass folgende Voraussetzungen erfüllt sind. Um ein Verständnis für das Vorgehen des Angreifers zu bekommen und einen solchen Angriff möglicherweise zu entlarven, werden die Bedingungen im Folgenden anhand kurzer Beispiele dargestellt.

„Das Commitment muss aktiv, öffentlich, mit Anstrengung verbunden, und freiwillig sein" (Cialdini, 2017, S.116). Als aktiv bezeichnet man das Commitment, wenn es ein bestimmtes Versprechen gibt, etwas zu tun. Lässt man Teilnehmer eines Projekts aktiv die Bereitschaft zu Teilnahme unterschreiben, verursacht dies ein größeres Verpflichtungsgefühl, als wenn man die Personen lediglich *nicht* unterschreiben lässt, dass sie *nicht* teilnehmen wollen (Cioffi & Garner, 1996). Ein öffentliches Commitment zeigt verständlicherweise mehr Wirkung, da es gegenüber andere Personen bekannt gegeben wird und somit das Bild, das andere von dieser Person haben, verändert. Immer, wenn man einen bestimmten Standpunkt einnimmt und die Mitmenschen dies registrieren, entsteht ein Antrieb, diesen Standpunkt nun auch in Zukunft zu vertreten, um konsistent zu wirken (Tedeschi, Schlenker & Bonoma, 1971; Schlenker et al., 1994). Dieser starke innere Antrieb kann fast schon zu einer Art Sturheit führen. Dies beweist eine Studie, bei der eine 6- bis 12-köpfige Jury über einen komplizierten Fall entscheiden sollte. Die Jurymitglieder einigten sich signifikant seltener auf eine Mehrheitsentscheidung, wenn sie ihre Ansicht per Handzeichen bekanntgeben sollten, als wenn sie diese im Geheimen auf einen Zettel schreiben. Sobald sie ihre Meinung einmal öffentlich preisgegeben hatten, wichen sie nur ungern davon ab (Kerr & MacCoun, 1985). Sie hatten den inneren Antrieb, sich konsistent zu ihrer ersten geäußerten Meinung zu verhalten.

Dass das Commitment, als weitere ideale Voraussetzung, mit Kosten und Mühen verbunden sein sollte, zeigt sich, sogar kulturübergreifend, sehr anschaulich am Beispiel der Tongas, einem Stamm im Süden Afrikas. Hier müssen Jungen ein sehr umfangreiches und strapaziöses Initiationsritual bewältigen, bevor sie zu den Männern des Stammes gehören (Whiting, Kluckhohn, Anthony, 1958).

Letzte und wichtigste Eigenschaft des Commitments ist die Freiwilligkeit. Die Person sollte die unbeschränkte innere Verantwortung für ihr Tun übernehmen und ein Commitment nicht nur aufgrund einer hohen Belohnung abgeben. Es wurde nachgewiesen, dass eine hohe materielle Belohnung zu einer Reduzierung oder Auflösung der inneren Verantwortung führen kann und somit auch die Bereitschaft sinkt, die Handlung weiterhin auszuführen, wenn sie nicht länger belohnt wird (Higgins, Lee, Kwon & Trope, 1995; Lepper & Greene, 1978).

Eine Taktik aus der Sozialpsychologie und dem Marketing, die sich die Regel von Commitment und Konsistenz zu Nutze macht, ist die „Fuß-in-der-Tür-Taktik". Dabei wird zunächst eine kleine Bitte gestellt, woraufhin es leichter ist, jemanden auch zu einer größeren Konzession zu bewegen (Gerrig & Zimbardo, 2008). Die Psychologen Jonathan Freedman und Scott Fraser führten 1966 erstmals in den Sozialwissenschaften ein Experiment zu dieser Taktik durch. Dabei wurde bei Hausbesitzern in einem kalifornischen Wohngebiet geklingelt und diese gefragt, ob sie bereit wären, eine große Plakatwand mit der Aufschrift „Augen auf im Straßenverkehr!" in ihrem Vorgarten aufzustellen. Nur 17 Prozent der Befragten gaben dazu ihre Einwilligung. Bei einer weiteren Gruppe, der diese Frage gestellt wurde, waren ganze 76 Prozent dazu bereit, die Plakatwand in ihrem Vorgarten aufzustellen. Zwei Wochen zuvor wurden diese Personen von einem Freiwilligen an ihrer Tür gefragt, ob sie ein kleines Schild, circa acht mal acht Zentimeter groß, mit der Aufschrift „Fahren Sie vorsichtig!", sichtbar irgendwo anzubringen. Bei dieser Kleinigkeit hatten fast alle Befragten zugestimmt. Die Konsequenz zeigt sich zwei Wochen später. Da sie zuvor ihr Commitment in dieser Sache abgegeben hatten, fühlten sie sich nun innerlich verpflichtet, gemäß ihrem geänderten Selbstbild konsistent zu handeln und willigten bei der deutlich größeren Bitte ebenfalls ein (Freedman & Fraser, 1966).

Allgemein lassen sich zwei Faktoren identifizieren, die bei der Anfälligkeit eine entscheidende Rolle spielen. Zum einen ist es das Alter. In einer Untersuchung zeigte sich eine deutliche Steigerung der Vorliebe für Konsistenz mit zunehmendem Alter. Personen über 50 Jahre sind demnach am stärksten dazu geneigt, sich konsistent, also im Einklang, mit einem einmal abgegebenen Commitment zu verhalten und erfüllten Bittstellern, die die Fuß-in-der-Tür Technik anwandten, besonders häufig ihren Wunsch (Brown, Asher & Cialdini, 2005). Ein weiterer Faktor ist der Individualismus einer Person. Dieser hängt sehr stark mit der Herkunft und Kultur einer Person zusammen. Individualistische Gesellschaften, wie beispielsweise in den USA und den westeuropäischen Ländern, legen ihren Schwerpunkt auf den Einzelnen. Individualisten treffen ihre Entscheidungen zum Beispiel vornehmlich auf Basis der eigenen Erfahrungen, Wünsche und Meinungen. Sie orientieren sich also an dem, was sie schon einmal getan haben. In kollektivistischen Gesellschaften hingegen, wie zum Beispiel in den meisten asiatischen Ländern, orientieren sich die Menschen stärker an dem, was andere in ihrem Umfeld wollen und denken. Konsistent mit ihrem eigenen Verhalten zu sein ist ihnen dementsprechend nicht so wichtig, wie im Einklang mit ihren Mitmenschen zu agieren. Daraus wird schnell klar, dass Individualisten anfälliger sind für Beeinflussungstechniken und sich nach Erfüllung einer kleinen Bitte schnell zu etwas Größerem hinreißen lassen (Cialdini, 2017).

Auch ein Social Engineer kann an Commitment und Konsistenz appellieren und dieses Zusammenspiel zu einem seiner wirkungsvollsten Werkzeuge machen. Meist versucht der Angreifer, sein Opfer dazu zu bewegen, kleinere Informationen preiszugeben, die dann letztlich in Richtung seines Gesamtziels gehen (Hadnagy, 2011). Bei der Wahl seiner Opfer in einem Unternehmen konzentriert der Social Engineer sich dabei vornehmlich auf Mitarbeiter, die die oben genannten Eigenschaften erfüllen, also über 50 Jahre alt sind und aus individualistischen Gesellschaften stammen.

3.3 Soziale Bewährtheit

Das Prinzip der sozialen Bewährtheit besagt, dass man sich bezüglich des richtigen und angemessenen Verhaltens in einer Situation daran orientiert, was andere tun oder für richtig halten (Lun et al., 2007). Ein Beispiel stellen die jedem bekannten Lachkonserven dar, die in vielen Filmen und Serien regelmäßig eingespielt werden. Experimente haben tatsächlich ergeben, dass diese eingespielten Lacher die Zuschauer dazu bringen, länger über den humorvollen Inhalt zu lachen und ihn insgesamt als lustiger einzustufen (Provine, 2000). Der Mensch ist daran gewöhnt, das Lachen anderer als Hinweis darauf zu interpretieren, dass es sich um eine lustige Situation handelt und lohnt, ebenfalls zu lachen. Dieser Mechanismus kann uns dazu bringen, nur auf das Geräusch anstatt auf den dahinterstehenden Inhalt zu reagieren und entsprechend auch zu lachen (Cialdini, 2017).

Wie oben bereits im Rahmen der Regel von Commitment und Konsistenz erläutert, bietet auch das Prinzip der sozialen Bewährtheit ein einfaches und schnelles Verfahren, um in einer Situation zu entscheiden, wie man sich am besten verhält. Darauf, dass dieser Mechanismus natürlich auch leicht von Kriminellen und Social Engineers gegen uns verwendet werden kann, wird am Ende dieses Kapitel noch einmal näher eingegangen (Cialdini, 2017).

Ein Experiment aus dem Jahre 1967 zeigt, dass bereits Kinder durch das Prinzip der sozialen Bewährtheit ganz automatisch in ihrem Handeln beeinflusst werden. Einige Kinder, die große Angst vor Hunden hatten, wurden ausgewählt, um jeden Tag zwanzig Minuten einem anderen Kind beim freudigen Spiel mit einem Hund zuzusehen. Allein dies führte nach nur vier Tagen dazu, dass 67 Prozent der zuvor ängstlichen Kinder bereit waren, in einen Laufstall zu klettern, in dem ein Hund saß, und ihn alleine kraulten und streichelten. Auch einen Monat später wurde bei einer Kontrolle des Furchtniveaus der Kinder keine Verschlechterung festgestellt (Bandura, Grusec & Menlove, 1967). Alleine das Beobachten des anderen fröhlichen Kindes in einer Situation, die für das beobachtende Kind selber sonst große Angst auslöst, hat dazu geführt, dass es sich das „richtige" Verhalten des anderen Kindes als sozial bewährt angeeignet hat.

Wie bereits in den vorigen Techniken der Einflussnahme besprochen, funktioniert auch das Prinzip der sozialen Bewährtheit unter bestimmten Bedingungen am besten. Eine davon ist die *Ungewissheit*. Demnach ist der Mensch am ehesten geneigt, andere in ihren Reaktionen zu beobachten und sein eigenes Verhalten an anderen zu orientieren, wenn er unsicher ist, die Situation mehrdeutig oder unklar ist und insgesamt eine Ungewissheit herrscht (Sechrist & Stangor, 2007; Wooten & Reed, 1998). Sylvan Goldman übernahm 1934 mehrere Lebensmittelgeschäfte und beobachtete schnell, dass die Kunden aufhörten mit dem Einkaufen, wenn der Einkaufskorb ihnen zu schwer wurde. Dies führte ihn zu der Idee für die Erfindung des Einkaufswagens. Dieser bestand damals aus einem Klappstuhl mit Rädern auf dem zwei Metallkörbe befestigt waren. Die Kunden wussten zunächst nicht, was sie mit diesem ungewöhnlichen Gefährt anfangen sollten und benutzten es somit auch nicht, obwohl Goldman Schilder in den Läden aufhängte, worauf zu sehen war, wie man den Einkaufswagen verwendete. Da dies also nicht zum gewünschten Erfolg führte, bezahlte Goldman einige Leute dafür, um die Einkaufswägen durch seine Geschäfte zu schieben. Sehr bald machten es die anderen Kunden nach (Dauten, 2004) und der Einkaufswagen wurde zu einem heute in jedem Geschäft unverzichtbaren und selbstverständlich verwendeten Hilfsmittel. Dies gelang nur, weil Goldman sich damals das Prinzip der sozialen Bewährtheit zu Nutze machte.

Eine weitere Bedingung, neben der Ungewissheit, ist die *Ähnlichkeit*. Das Prinzip der sozialen Bewährtheit nimmt am meisten Einfluss, wenn man das Verhalten von Menschen beobachtet, die Ähnlichkeit mit einem haben (Festinger, 1954; Platow et al., 2005). Eine aufschlussreiche Studie zu diesem Thema zeigt, dass Spendensammler auf einem Universitätscampus doppelt so viel Erfolg hatten, wenn sie eine Parallele zwischen sich selbst und den angesprochenen Studierenden herstellten, indem sie sagten: „Ich studiere auch hier" (Aune & Basil, 1994).

Social Engineers machen sich dieses Prinzip der sozialen Bewährtheit ebenfalls zu Nutze. Bei einem Angriff wird dem Opfer beispielsweise suggeriert, dass bereits mehrere Referenzpersonen, also andere Mitarbeiter, ebenfalls so gehandelt hätten, wie es der Angreifer gerade verlangt (Weßelmann, 2008). Wirksam ist es, wenn sich darunter auch Personen befinden, die als Vorbilder für das Opfer gelten, wie zum Beispiel der Chef oder andere höher gestellte Personen. Wie bereits erläutert, wird das Prinzip der sozialen Bewährtheit genutzt, um sich schnell zu orientieren und ohne übermäßigen Aufwand festzustellen, wie man sich richtig zu verhalten hat. Dieser Mechanismus macht den Menschen jedoch gleichzeitig angreifbar für Manipulationen von anderen, die diese psychologischen Abläufe durchschauen und zu ihren Gunsten missbrauchen. Liegen die Bedingungen *Ungewissheit* und *Ähnlichkeit* vor, ist es für den Angreifer ein Leichtes, die soziale Bewährtheit für sich vorteilhaft einzusetzen.

3.4 Sympathie

Es ist zunächst nichts Ungewöhnliches, dass man Menschen, die man kennt und mag, eher eine Bitte erfüllen als völlig Fremden. Doch wie sehr uns Sympathie im täglichen Leben tatsächlich unbewusst beeinflusst und wie sich Social Engineers dies zu Nutze machen können, wird in diesem Kapitel näher erläutert.

Das klassische Beispiel, welches die Regel der Sympathie ausnutzt und jedem bekannt ist, ist die „Tupperparty" (abgleitet vom amerikanischen Unternehmen „Tupperware"). Die Gastgeberin lädt ihre Freundinnen zu sich nach Hause ein, wo ein Tupperware-Vertreter die Produkte anbietet und erklärt. Ziel der Veranstaltung ist der Verkauf der Tupperware Produkten, wobei die Gastgeberin an jedem verkauften Teil mitverdient. Dies wissen auch die Gäste und sie kaufen die Produkte somit zu Gunsten ihrer guten Freundin statt des fremden Verkäufers. So spielt die Verbundenheit der Freundschaft positiv mit in die Verkaufssituation und begünstigt einen Kauf (Taylor, 1978).

Doch welche Faktoren führen überhaupt zu der Entstehung von Sympathie? Die Antwort darauf lautet: Äußerliche Attraktivität, Ähnlichkeit, Komplimente sowie Kontakt und Kooperation (Cialdini, 2017).

Dass man sich in seiner sozialen Interaktion mit gutaussehenden Menschen oft von deren Attraktivität beeinflussen lässt, ist weitläufig bekannt. Doch neue wissenschaftliche Befunde zeigen, dass das Ausmaß, in dem Attraktivität den Menschen Vorteile verschafft, vermutlich noch stark unterschätzt wird (Olson & Marshuetz, 2005). Der so genannte Halo-Effekt (von engl. halo, Heiligenschein) führt dazu, dass die Attraktivität als herausstechende Eigenschaft andere Eigenschaften überstrahlt. Der attraktiven Person werden automatisch nur sehr positive Eigenschaften zugeschrieben (Eagly et al., 1991). Verschiedene Studien zeigen, dass attraktivere Menschen von juristischen Systemen, wie beispielsweise Geschworenengerichten, bevorzugt werden (Downs & Lyons, 1990), mehr verdienen (Hammermesh & Biddle, 1994) und höhere Einstellungschancen nach Vorstellungsgesprächen haben (Mack & Rainey, 1990).

Zusätzlich zur Attraktivität spielen noch weitere Faktoren, die uns beeinflussen können, bei der Sympathie eine Rolle. So kann man grundsätzlich sagen, dass wir Leute mögen, die uns ähnlich sind (Burger et al., 2004). Diese Ähnlichkeit kann sich sowohl auf Aussehen, Charaktereigenschaften, Meinungen, Herkunft oder generellem Lebensstil beziehen (Cialdini, 2017). Ein Experiment aus dem Jahre 1971 zeigt, dass Studenten einer Person, die sie auf dem Campus nach einem Zehn-Cent-Stück zum Telefonieren fragte, eher aushalfen, wenn sie ähnlich gekleidet war wie sie selbst (Emswiller, Deaux & Willits, 1971).

Ein weiterer Faktor, der bei Sympathie ohne Zweifel eine Rolle spielt, sind Komplimente. Macht uns eine Person Komplimente freut uns dies und diese Person ist uns sympathisch. Menschen sind empfänglich für jede Art Komplimente und Schmeicheleien, selbst, wenn einem bewusst ist, dass der Schmeichler Hintergedanken hat und die Komplimente nicht mal unbedingt zutreffend sind (Drachman, deCarufel & Insko, 1978).

Neben dem, was einem ähnlich ist, mögen Menschen auch das, was sie kennen (Monahan, Murphy & Zajonc, 2000). Ein interessantes Beispiel dazu, das auch selber durchgeführt werden kann, ist folgendes: Man nimmt eine Porträtaufnahme von sich selbst und spiegelt dieses einmal vertikal. Nun druckt man das Originalporträt und das gespiegelte Porträt einmal aus, schaut man sich die beiden Bilder an und überlegt für sich, welches einen mehr anspricht. Anschließend werden Freunde, Verwandte und Bekannte nach ihrer Meinung befragt. Vermutlich wird man selbst das spiegelverkehrte Bild bevorzugen, während die Mitmenschen sich für das Originalbild entscheiden. Der Grund dafür ist, dass alle sich für das Gesicht entscheiden, welches ihnen vertrauter ist. Bei sich selbst ist dies das spiegelverkehrte Bild, das man täglich im Spiegel betrachtet. Die Mitmenschen hingegen sehen einen immer so, wie die Welt einen sieht und daher entscheiden sie sich für das gewohnte, originale Porträt (Mita, Dermer, Knight, 1977). Auch unterbewusst funktioniert diese Beeinflussung hervorragend. In einem Experiment wurden auf eine Leinwand immer wieder so kurz Gesichter projiziert, dass die Teilnehmer sich nachher nicht daran erinnern konnten, diese Gesichter schon mal gesehen zu haben. Trotzdem fanden sie diese Personen bei einem späteren Treffen umso sympathischer, je häufiger ihre Gesichter zuvor kurz eingeblendet wurden. Außerdem ließen sich die Versuchspersonen von diesen „bekannten" Personen auch in stärkerem Maße von ihren Meinungsäußerungen überzeugen (Bornstein, Leone & Galley, 1987).

Ist sich ein Social Engineer dieser Faktoren der Sympathiebildung bewusst, stellt dies für ihn ein wirksames und mächtiges Tool zur Durchführung seiner Angriffe dar. Zunächst sammelt der Angreifer einige Informationen über seine Zielperson und achtet auf Dinge, über die er der Person Komplimente machen kann. Dann beginnt er sein Gespräch zum Beispiel mit einer simplen aber schmeichelhaften Frage, wie „Das sind aber wirklich schöne Schuhe, wo haben Sie die denn gekauft?". Den Menschen gefällt diese positive Verstärkung und man ist gleich geneigt, weiter in Kontakt mit dem Angreifer zu treten und möglichweise weitere Komplimente zu

bekommen. Ziel dieser Komplimente ist es, das Selbstbild des Opfers weiter aufzubauen und das Gefühl von Verständnis und Interesse seitens des Social Engineers
herzustellen (Hadnagy, 2011).

Des Weiteren kann der Social Engineer versuchen, über Konversation und Recherche, Kenntnis über Hobbys, Interessen oder familiäre Hintergründe seines Opfers
zu erlangen. In einem Gespräch mit dem Opfer behauptet er dann, sich für eben
dieses Hobby zu begeistern oder auch damals zur selben Schule gegangen zu sein.
Außerdem versucht der Social Engineer im Kontakt mit der Zielperson, deren Verhaltensweisen nachzuahmen, um Gleichartigkeit zu fingieren. Dies löst beim Opfer
sofort eine gesteigerte Sympathie zum Anrufer aus, sodass dieser ein leichtes Spiel
hat, seine Bitte durchzusetzen oder eine Gefälligkeit zu erlangen (Mitnick & Simon,
2006).

Da geheuchelte Sympathiebekundungen Face-to-Face oft schwer umzusetzen sind,
ohne aufzufallen, ist es besonders leicht, die Grundlage für Sympathie online, zum
Beispiel in Chatrooms, zu fälschen (Weßelmann, 2008).

3.5 Autorität

Ein weiterer wichtiger und höchst einflussreicher Faktor, der bei der Beeinflussung
von Menschen und ihrem Verhalten eine Rolle spielt, ist die Autorität. Der Duden
beschreibt Autorität als einen „auf Leistung oder Tradition beruhender Einfluss einer Person oder Institution und daraus erwachsendes Ansehen" (Dudenredaktion,
o. J., o. S.). Doch was bewirkt diese Autorität nun wirklich, hinsichtlich unseres Verhaltens? Am besten veranschaulicht dies ein Experiment von Stanley Milgram aus
dem Jahre 1974. Zwei zufällig ausgewählten Versuchspersonen wird per Los je eine
Rolle zugeteilt. Einer muss sich eine Liste mit zufälligen Wortpaaren merken, wie
zum Beispiel „Tisch – Vogel" oder „Auto – Himmel". Der andere ist der „Prüfer", er
wird diese Wortpaare nachher abfragen, indem er ein Wort nennt und die andere
Versuchsperson das zweite Wort ergänzen muss. Nachdem die Wortpaare auswen-
dig gelernt wurden, wird die abzufragende Person von dem „Prüfer" und dem Versuchsleiter an einem Stuhl festgeschnallt und ihr werden Elektroden angelegt. Außerdem zeigt man ihr das Bedienpult, mit dem die Fragen beantwortet werden. Die
anderen beiden Personen gehen in einen angrenzenden Raum. Dort wird der „Prüfer" vom Versuchsleiter während des Experiments beaufsichtigt. Der „Prüfer" beginnt, die andere Versuchsperson über eine Gegensprechanlage die Wörter abzu-
fragen. Für jede falsche Antwort soll er dem „Prüfling" einen Elektroschock verab-
reichen. Bei jedem Fehler wird die Voltzahl dabei um 15 Volt erhöht. In dem von

Milgram durchgeführten Experiment wird der Prüfling allerdings nur von einem Versuchsassistenten gespielt und erhält nicht wirklich Elektroschocks. Dies ist dem „Prüfer" jedoch nicht bewusst. Er sitzt auf der anderen Seite der Gegensprechanlage und hört die immer lauter und flehender werdenden Schreie des „Prüflings", mit steigender Voltzahl später sogar um Gnade bettelnd. Wie weit wird der „Prüfer" wohl in seiner Bestrafung gehen, wenn der Versuchsleiter ihn immer wieder beauftragt, weiterzumachen? Das Ergebnis ist erschreckend. Zwei Drittel der Versuchspersonen legten die Schalter aller 30 Voltstufen um, bis der Versuchsleiter den Versuch nach 450 Volt beendete. Hier stellt sich die unvermeidbare Frage: „Was bringt einen Menschen dazu, so etwas zu tun?". Milgram hat eine Antwort auf diese Frage. Er ist der Überzeugung, dass dieses Verhalten mit der tief im Menschen verwurzelten Autoritätshörigkeit zu erklären ist. Die Versuchsperson ist unfähig, sich gegen die Autorität, in Form des Wissenschaftlers im grauen Kittel, zu stellen. Dieser drängte ihn immer wieder dazu, die Aufgabe weiter zu erfüllen, egal, welche Qualen er dem Opfer damit antut. Über mehrere durchgeführte Versuchsreihen zeigen die Ergebnisse von Milgrams Studien immer wieder die erschreckend hohe Bereitschaft von erwachsenden Menschen, fast alles zu tun, wenn eine Autoritätsperson dies von ihnen verlangt (Milgram, 1974).

Blickt man nun einmal auf die gesellschaftlichen und historischen Faktoren, die eine solche Autoritätshörigkeit erklären könnten, wird sehr schnell deutlich, dass dieses Phänomen einen begründeten Ursprung aufweist.

Bereits in der Bibel war Abraham bereit, seinem eigenen Sohn ein Messer ins Herz zu stechen, nur weil Gott dies, ohne jegliche Begründung, von ihm verlangte. Auch in der heutigen Gesellschaft zeigt sich ein vielschichtiges und gemeinhin akzeptiertes Autoritätssystem. Es erleichtert den Handel, die Verteidigung, die Produktion von Gütern und die soziale Kontrolle. Bestünde eine solche Hierarchie mit unterschiedlichen Autoritätsstufen nicht, würden wir zwangsläufig in einer Anarchie leben. Folglich wird Kindern von der Geburt an vermittelt, dass man, Autoritäten gegenüber, Gehorsam an den Tag zu legen hat. Diese Regel beginnt im Elternhaus und in Kindergarten und Schule, wo Kindern schnell klar wird, dass es sich lohnt, auf den Rat und die Anweisungen der Erwachsenen zu hören, da diese zum einen ein größeres Wissen, zum anderen die Macht haben, Kinder wegen ihres Verhaltens zu belohnen oder zu bestrafen. Als Erwachsener zieht sich die Regel weiter, im rechtlichen und politischen System. Es zeigt sich also in jeder Altersstufe und in den unterschiedlichsten Bereichen des Lebens, dass Autoritätshörigkeit zumeist lohnend und vorteilhaft ist (Cialdini, 2017).

Vergleicht man an dieser Stelle das Prinzip der Autorität mit den zuvor erläuterten Faktoren, zeigt sich eine grundlegende Parallele, die den meisten Manipulationsmethoden zugrunde liegt: Ein automatisches Handeln, wodurch eigenes Denken nicht nötig ist. Auch bei der Autorität kann man wieder sagen, dass ein blinder Mechanismus uns zum Handeln verleitet. Hier in Form der Anweisung einer Autoritätsperson, die befolgt wird, ohne bewusst über die gegebene Situation nachzudenken und Handlungsalternativen abzuwägen.

Ein recht amüsantes und doch auch erschütterndes Beispiel für blindes Autoritätsgehorsam liefert der Fall der so genannten „rektalen Ohrenschmerzen", der von den Pharmazieprofessoren Michael Cohen und Neil Davis (1981) aufgedeckt wurde. In einem Krankenhaus verordnete ein Arzt einem Patienten, mit einer schmerzhaften Ohrenentzündung im rechten Ohr, Ohrentropfen. Auf dem Anordnungsblatt kürzte er „Rechtes Ohr", right ear, so ab, dass dort „place in r ear" stand. Die diensthabende Krankenschwester las „r ear" als rear (Hinterteil) und verabreichte die Ohrentropfen also tatsächlich in den Anus des Patienten (Cohen & Davis, 1981). Ein wunderbares Beispiel für die gedankenlose Ausführung der Anordnungen einer Autoritätsperson.

In der Werbung und anderen Marketingbereichen sowie auch im Social Engineering wird das Autoritätsprinzip meist ausgenutzt, ohne tatsächlich eine Autorität vorweisen zu können. Oft genügt ein Anschein von Autorität, um zu überzeugen. Dabei spielen drei Symbole eine wichtige Rolle: Der Titel, die Kleidung und bestimmte Insignien (Hadnagy, 2011), dies sind Gegenstände als Kennzeichen von Macht und Würde (Dudenredaktion, o.J.), wie beispielsweise ein Fahrzeug. Ein Social Engineer gibt sich bei einem Telefonanruf bei seinem Opfer beispielsweise als Doktor oder Anwalt aus, um an bestimmte Informationen zu gelangen. Vor allem bei Organisationen, in denen genaue hierarchische Strukturen herrschen, eignet sich das Vortäuschen einer bestimmten Autorität besonders gut als Angriffsmittel. Auch das Versenden einer Phishing-Mail im Namen eines wichtigen Firmenoberhaupts oder einer staatlichen Stelle ermöglicht dem Angreifer oft Zugriff auf wichtige Informationen (Mitnick, 2006). Oft reicht es bereits aus, wenn man sich als vom Chef beauftragt oder autorisiert ausgibt, damit einem in den Augen des Opfers die entsprechende Macht zugeschrieben wird.

Durch Kleidung, wie beispielsweise Uniformen, sind zudem fast alle Menschen leicht zu beeindrucken. Gibt sich ein Social Engineer, mit entsprechender Kleidung, als Wachpersonal einer Bank oder sogar als Polizist aus und trägt einen passenden gefälschten Ausweis bei sich, verschafft er sich zumeist schnell und ohne großes Aufsehen Zugang zu den gewünschten Räumlichkeiten (Hadnagy, 2011).

3.6 Knappheit

Menschen missfällt das Gefühl, etwas nicht haben zu können. Dieser Satz beschreibt die Grundlage auf der das, in diesem Kapitel behandelte, Prinzip der Knappheit basiert. „Das Knappheitsprinzip besagt, dass Möglichkeiten uns umso wertvoller erscheinen, je weniger erreichbar sie sind." (Cialdini, 2017, S. 315). Ein Beispiel dafür stellt eine Befragung von Studenten an der Florida State University bezüglich der Qualität ihres Mensa-Essens dar. Sie stuften dies in einer ersten Befragung als unbefriedigend ein. Neun Tage später wurde eine zweite Befragung durchgeführt, die eine signifikante Steigerung der Zufriedenheit mit dem Mensa-Essen ergab. Die Qualität des Essens hatte sich in der Zeit nicht geändert. Der Grund für den Meinungsumschwung lag viel mehr in der Verfügbarkeit. Am Tage der zweiten Umfrage erfuhren die Studenten, dass die Mensa aufgrund eines Feuerschadens nun zwei Wochen geschlossen bleiben würde (West, 1975). Die niedrigere Verfügbarkeit des Essens ließ es im Ansehen der Studenten umgehend steigen und als wertvoller und erschwinglicher einstufen.

Dieses Prinzip lässt sich unter anderem mit den Grundlagen der Ökonomie erklären. Diese bestehen aus der Zuweisung von bestimmten Ressourcen, die auch alternative Verwendungsmöglichkeiten haben. Die Zuweisung wird vor allem von der Knappheit des Objekts bestimmt. Je seltener eine Ressource also ist, desto höher ist der dafür wahrgenommene Wert. So erklärt sich auch nachvollziehbar, dass Gold wertvoller ist als Salz, aber Salz hingegen kostbarer als Lehm (Hadnagy, 2011).

Das Prinzip der Knappheit zieht seine Macht der Beeinflussung vor allem aus zwei Quellen: seiner Eigenschaft als Schnellverfahren und der Reaktanztheorie. Zum einen ist es ein, uns bereits bekanntes, *Schnellverfahren*. Wie in den vorhergehenden Prinzipien bereits erläutert, basiert auch dieses Verfahren auf der Tendenz des Menschen, eigenes Denken weitgehend zu vermeiden, und stattdessen auf Heuristiken zurückzugreifen, die eine schnelle und einfache Entscheidungsfindung gewährleisten. So zum Beispiel die Annahme, dass Dinge, an die man nur schwer gelangt, im Allgemeinen besser sind, als die, die man sich leicht zu eigen machen kann (Lynn, 1989).

Eine weitere Quelle der Macht des Knappheitsprinzips ist die *Reaktanztheorie*. Diese stellte der Psychologe Jack Brehm auf, mit dem Kern, dass Menschen das Bestreben haben, unsere gewohnten Vorrechte zu erhalten. Er erklärte damit die Reaktion von Menschen auf die Beschränkung ihrer persönlichen Kontrollmöglichkeiten (J. W. Brehm, 1966; Burgoon et al., 2002).

Um die Auswirkung des Reaktanzprinzips zu verstehen, blickt man am besten auf eine Situation in Miami. Dort wurde vor einiger Zeit eine Antiphosphat-Verfügung erlassen. Demnach waren der Besitz und die Benutzung von phosphathaltigen Wasch- und Reinigungsprodukten verboten. Eine Untersuchung, die die sozialen Auswirkungen dieser Verfügung beobachtete, erkannte zwei Reaktionen. Einerseits beriefen sich die Leute in dieser Region auf alte Gepflogenheiten, indem sie wieder zu schmuggeln begannen. Sie zogen in großen Karawanen in die benachbarten Regionen, um sich dort mit Phosphatwaschmittel einzudecken. Als zweite Reaktion beobachteten die Forscher, dass die Verbraucher nun, wo ihnen der Artikel nicht mehr zur Verfügung stand, Phosphatreiniger plötzlich für bessere Produkte als je zuvor hielten. Im Vergleich zu anderen Regionen, in denen dieses Verbot nicht erlassen wurde, waren die Einwohner von Miami nun der Meinung, phosphathaltige Waschmittel seien schonender effektiver und leichter zu verwenden (Mazis, 1975; Mazis, Settle & Leslie, 1973). Hier zeigt sich gut, wie das Reaktanz- und das Knappheitsprinzip funktionieren. Wenn eine bestimmte Sache knapp wird, bedeutet das entsprechend eine Begrenzung unserer Freiheit, diese Sache zu bekommen. Dies führt dazu, dass unser Verlangen danach wächst. Weil wir aber lediglich feststellen, dass unser Verlangen danach größer geworden ist, aber nicht genau wissen, warum, fangen wir an, diesen Dingen besonders positive Eigenschaften zuzuschreiben, um das gesteigerte Verlangen vor uns selber zu rechtfertigen (Cialdini, 2017).

Wie im Rahmen der anderen Mechanismen der Einflussnahme bereits geschildert, gibt es auch beim Prinzip der Knappheit bestimmte Bedingungen, unter denen das Prinzip wirksamer ist als unter anderen. Der Sozialpsychologe Stephen Worchel und sein Team haben dazu ein Experiment mit unterschiedlichen Abwandlungen durchgeführt, anhand dessen sich die optimalen Bedingungen erkennen lassen. Das Grundprinzip war ein Einfaches: Die Teilnehmer einer Marktforschungsstudie bekamen jeder einen Schokoladenkeks von einem Teller, den sie probieren und anschließend beurteilen sollten. Bei einer Hälfte der Versuchsteilnehmer befanden sich zehn Kekse auf dem Teller, bei der anderen Gruppe nur zwei. Wie es das Knappheitsprinzip nun erwarten lässt, erhält der Keks, der nur einer von zwei

Verfügbaren war, positivere Bewertungen, als einer vom Teller mit zehn Keksen. Doch welche neuen Erkenntnisse liefert dieser Versuch? Es gibt zwei weitere interessante Befunde.

In einer Versuchsabwandlung erhielten die Teilnehmer zunächst einen Teller mit zehn Keksen, der dann gegen einen mit nur zwei Keksen ausgetauscht wurde. Das Ergebnis war eindeutig: In der Gruppe, die einen Wechseln von Überfluss zu Knappheit erlebte, erhielt der Keks noch eine deutlich positivere Bewertung als wenn eine permanente Knappheit von nur zwei Keksen herrschte (Worchel, Lee & Adewole, 1975). Eine erst kürzlich unzugängliche Sache ist demnach anziehender als eine, die von jeher knapp ist.

Eine weitere Versuchsabwandlung deckte auf, dass die Bewertung dann am besten war, wenn die Knappheit nachfragebedingt war. Beim Tausch der Teller wurden den Versuchsteilnehmern der einen Gruppe erklärt, andere Teilnehmer bekämen einen Teil der Kekse, damit auch alle genug zum Probieren hätten. In dieser Gruppe, in der die Teilnehmer davon ausgingen, dass es auch woanders eine Nachfrage nach dem Produkt gibt, wurden die Kekse noch einmal signifikant besser bewertet, als zuvor in der gesamten Studie. Als Erklärung lässt sich zum einen das bereits bekannte Prinzip der sozialen Bewährtheit heranziehen: Alle wollen das Produkt haben, also muss es auch gut sein. Auf der anderen Seite wird hier bewusst, dass mit anderen Leuten um das Produkt gekämpft werden muss, wenn man es bekommen möchte. Dieses Gefühl kann eine sehr motivierende Wirkung haben (Worchel, Lee & Adewole, 1975).

Das Knappheitsprinzip ist also besonders wirksam, wenn Dinge erst neuerdings knapp sind und wenn man mit anderen Menschen um das begehrte Gut konkurrieren muss.

Dieses Prinzip funktioniert aber nicht nur bei Gegenständen, wie zum Beispiel Waschmittel und Keksen, sondern lässt sich ebenso auf Informationen beziehen. Die Tatsache, dass Menschen begrenzte Informationen als wertvoller erachten, ermöglicht die Anwendung des Knappheitsprinzips auch in Situationen, die keine materiellen Güter zum Gegenstand haben (Cialdini, 2017). Auf diese Weise setzen auch Social Engineers häufig das Werkzeug der Verknappung ein. Eine beliebte Variante ist die Zeitknappheit, die der Angreifer einsetzt, wenn er möchte, dass sein Opfer zur schnellen Entscheidungsfindung auf Heuristiken zurückgreift, anstatt logisch abzuwägen. Sätze eines Social Engineers könnten dann beispielsweise sein: „Ich weiß, dass ich eigentlich nicht auf die Datenbank zugreifen darf, aber wenn Sie mich nicht eben schnell etwas nachschauen lassen, dann bekommen wir den Vertrag heute nicht mehr zustande." (Weßelmann, 2008). Die Dringlichkeit und der damit aufgebaute Druck kann die Entscheidungsfindung oft manipulieren, wodurch der Social Engineer den Zugang zu den gewünschten Informationen steuern kann. Meist bedient er sich dabei noch einer Kombination aus Knappheit und Autorität. Ein Beispiel dafür wäre: „Der CEO, Mr. Adams, hat mich angerufen, bevor er eben in sein verlängertes Wochenende gefahren ist und mich gebeten, sein E-Mail-Problem endlich zu beheben. Er sagte, er habe die Nase voll von den ständigen Abstürzen und wolle das Problem unbedingt bis Montag gelöst habe.". Neben der Dringlichkeit aufgrund der knappen Zeit steht hinter der Anweisung auch eine Autoritätsperson, die jedoch für Rückfragen nicht mehr zur Verfügung steht (Hadnagy, 2011).

In anderer Form kann ein Social Engineer das Knappheitsprinzip auch nutzen, indem er seinen eigenen „Wert" in den Augen des Opfers steigert. Durch Aussagen wie „Eigentlich darf ich das nicht sagen, aber..." oder „Ich weiß nicht genau, ob Sie die Info schon kennen, aber ich habe vorhin mitbekommen, dass..." impliziert der Angreifer, wie selten diese Information ist und erlangt von seinem Opfer zeitgleich ein gesteigertes Vertrauen, was ihm bei späteren Bitten zugutekommt (Hadnagy, 2011). Hier zeigt sich eine Parallele zum Prinzip der Autorität, da der Social Engineer in beiden Angriffsformen bei seinem Opfer den Eindruck von Wichtigkeit vermittelt, um es auf seine Seite zu ziehen und zu einem bestimmten Handeln zu bewegen.

4 Prävention

Das Ziel eines jeden Unternehmens ist es, oder sollte es sein, präventive Maßnahmen gegen Social Engineering Angriffe zu treffen, sodass es gar nicht erst zum Erschleichen von sensiblen Informationen und Missbrauch von Daten kommen kann. Im Verlauf dieser Arbeit ist bereits deutlich geworden, über welch ein weites Repertoire an Ausprägungen, Methoden, Tricks und Vorgehensweisen ein Social Engineer verfügt. So weitreichend und komplex diese Angriffsformen sind, so deutlich wird auch, dass es nicht eine dogmatische Präventionsregel gegen Social Engineering Angriffe geben kann. Ein effektiver Schutz muss demnach sowohl die technischen Komponenten als auch die Informationssammlung und vor allem die psychologischen Aspekte des Menschen selbst einbeziehen.

Ziel dieses Kapitels ist es, zunächst einige unterschiedliche bestehende Präventions- und Sicherheitsmaßnahmen in diesem Themenbereich darzustellen sowie ihre Vorgehensweisen zu eruieren, um abschließend ein Fazit zu ziehen, welches Vorgesetzten und Sicherheitsbeauftragten hilft, in ihrem Unternehmen den optimalen Schutz gegen heutzutage immer weiter verbreitete Social Engineering Angriffe zu gewährleisten.

4.1 Traditionelle Schutzkonzepte

Im Rahmen von traditionellen Schutzkonzepten geht es vorwiegend um die Implementierung von Sicherheitssoftware im Unternehmen, sowie um das Aufstellen von klaren Sicherheitsregeln für die Beschäftigten zur Wahrung der Informationssicherheit.

Der IT-Spezialist Philipp Schaumann verschafft den Besuchern seiner Website einen guten Überblick über die gängigsten Regeln und Verhaltensvorschriften, die den Mitarbeitern im Rahmen der traditionellen Schutzkonzepte vermittelt werden. Dazu zählen zum Beispiel:

- Gewissenhaftes Sperren des Computerbildschirms bei Verlassen des Arbeitsplatzes, um den Zugriff auf das Computernetz durch Betriebsfremde zu verhindern

- Abräumen des eigenen Schreibtisches am Ende des Arbeitstages

- Zugangspasswörter werden nur auf Anordnung des direkten Vorgesetzten zurückgesetzt oder wenn der Mitarbeiter diesbezüglich persönlich beim IT-Support vorspricht

- Alle Mitarbeiter tragen ihren Firmenausweis deutlich sichtbar, sodass Fremde leichter zu erkennen sind
- Für den Zugang zum Firmengelände nutzen die Mitarbeiter ihre elektronischen Zugangskarten oder ähnliche festgelegte Mittel
- Besucher werden immer vom Mitarbeiter am Empfang abgeholt und dürfen sich nicht unbeaufsichtigt auf dem Firmengelände und in den Gebäuden bewegen

(Schaumann, 2017)

Diese Regeln sind zwar wichtig und ein guter Ansatz, trotzdem sieht es in der Realität oft anders aus und die Umsetzung ist nicht immer lückenlos gewährleistet. Der bei den Mitarbeitern herrschende Wunsch, den eigenen Kollegen vertrauen zu können, Kundenfreundlichkeit, Höflichkeit und oft auch Bequemlichkeit, führen dazu, dass die aufgestellten Regeln schnell verdrängt werden. Zudem besteht bei den Mitarbeitern oft ein innerer Konflikt zwischen der Einhaltung der betrieblichen Regeln und der Kundenfreundlichkeit, wie zum Beispiel das Aufhalten der Eingangstür - im Zweifel ohne Verwendung der Zugangskarte. Das Problem wird somit nur auf den Mitarbeiter verlagert (Mitnick & Simon, 2006). Stattdessen ist aber Aufgabe des Arbeitgebers, für ein sicheres und zugleich entspanntes Arbeitsklima unter Mitarbeitern und Kunden zu sorgen. Oft sind einerseits im Job erwünschte Verhaltensweisen, wie beispielsweise Hilfsbereitschaft und Kundenfreundlichkeit, andererseits menschliche Eigenschaften, die ein Social Engineer zu seinen Gunsten ausnutzen kann. An dieser Stelle setzen die neuen Schutzkonzepte an.

4.2 Neue Schutzkonzepte

Wenn die im zweiten Kapitel der Arbeit genannten klassischen Methoden eines Social Engineers zur Informationssammlung nicht genug Aufschluss geben, setzt der Angreifer gezieltere Strategien ein, bei denen er sich die im dritten Kapitel erläuterten psychologischen Mechanismen Reziprozität, Commitment & Konsistenz, soziale Bewährtheit, Sympathie, Autorität und Knappheit, sowie damit zusammenhängende menschliche Stärken und Schwächen zu Nutze macht. Ein effektiver Schutz vor Social Engineering Angriffen muss demnach auch auf dieser Ebene ansetzen.

Ein erster wichtiger Schritt besteht darin, jedem Mitarbeiter vor Augen zu führen, was im Unternehmen überhaupt vertraulich ist, mit welchen Daten sie selbst im Berufsalltag arbeiten und dass sie selbst als Individuum für die Sicherheit des

Unternehmens wichtiger sind, als sie vermutlich glauben (Schaumann, 2017). Wie bereits angesprochen, nutzen Social Engineers bei ihren Angriffen die ganz normalen menschlichen Eigenschaften oft gezielt aus, um ihre Opfer zu beeinflussen. Um diese Manipulationsversuche frühzeitig zu erkennen und ihnen gekonnt zu entgehen, ist es unerlässlich den Mitarbeitern im Rahmen von Awareness-Maßnahmen, Schulungen und Trainings die Tricks, Methoden und Vorgehensweisen der Angreifer aufzuzeigen sowie sie für die eigenen psychologischen Schwächen und Angriffspunkte zu sensibilisieren.

Im vorigen Kapitel wurden bereits sechs wichtige Beeinflussungsfaktoren menschlichen Handelns erläutert. Nun sollen diese Faktoren im Hinblick auf die Nutzung durch Social Engineers und natürlich den entsprechenden Abwehrstrategien näher erläutert werden.

4.2.1 Reziprozität – Mit Speck fängt man Mäuse

Die Reziprozität mit ihrem Gefühl des Verpflichtetseins stellt für Social Engineers ein immer wieder genutztes Prinzip der Beeinflussung dar (Mitnick & Simon, 2006). Beispielsweise ruft der Angreifer einen Mitarbeiter an und gibt sich selbst als Teil des IT-Services aus. Er erklärt, dass einige Firmenrechner mit einem neuartigen Virus infiziert wurden, der nicht von der genutzten Antiviren-Software erkannt wird. Er bietet dem Mitarbeiter an, ihm bei einigen Schritten zu helfen, die der Vorbeugung dieses Virus dienen sollen. In diesem Rahmen bittet er sein Opfer auch, eine Software herunterzuladen und zu testen, die den Mitarbeitern erlaubt, ihre Passwörter selber zu ändern. Dem Mitarbeiter widerstrebt es, dieser Bitte des IT-Mitarbeiters nicht nachzukommen, da dieser ihm ja gerade geholfen hat und ihn so wahrscheinlich vor einem Virus schützt. Um sein Pflichtgefühl zu beruhigen und sich zu revanchieren, kommt er der Bitte des Anrufers nach und installiert die Software (Mitnick & Simon, 2006). Bei der Software handelt es sich vermutlich um eine Schadsoftware des Social Engineers, wodurch dieser sogleich Zugang zu sämtlichen geänderten Passwörtern und möglicherweise weiteren wichtigen Daten des Mitarbeiters und Unternehmens hat. Doch wie verwehrt man sich der Ausbeutung durch solch einen tief im Menschen verankerten Verhaltensmechanismus, der uns in einem Großteil der täglichen sozialen Interaktionen durchaus nützlich und hilfreich ist? Der Schlüssel liegt in einem gesunden Misstrauen und dem Hinterfragen der Gründe für das eigene Handeln. Es stellt keine brauchbare Lösung dar, von nun an misstrauisch gegenüber allen Menschen zu sein und sämtliche Gefälligkeiten zurückzuweisen. Die tatsächliche Lösung besteht darin, die Angebote anderer

Menschen anzunehmen, jedoch in diesen Angeboten wirklich nur das zu sehen, was sie eigentlich sind und nicht das, als was sie uns möglicherweise dargestellt werden. Entsprechend kann man sich auch durchaus revanchieren, allerdings nur in dem Wert, den die gegebene Gefälligkeit innehatte. So entgeht man der Ausnutzung der eigenen Verbundenheit seitens des Social Engineers (Schumacher, 2013).

Sollte man sich in der obigen oder einer ähnlichen Situation wiederfinden und dies erkennen, sollte man die Situation innerlich für sich neu definieren und überlegen, worin das primäre Motiv des Gegenübers liegt und inwiefern dieses Anliegen zu hinterfragen ist (Cialdini, 2017). Warum ruft der IT-Mitarbeiter speziell nur eine Person persönlich an? Hat man bereits bei anderen Mitarbeitern von diesem Virus gehört? Bittet das Unternehmen einen tatsächlich darum, eine solche Software selber herunterzuladen oder geschieht dies gesammelt auf allen Computern? All diese Fragen sollte man sich selber stellen um anschließend den Anrufer möglicherweise mit einem freundlichen Vorwand auf einen späteren Zeitpunkt zu verschieben. Dies ermöglicht, sich persönlich bei Kollegen, dem Chef oder bestenfalls einfach beim IT- Service über einen angeblichen Virus zu informieren. Oft ist in solchen Situationen ein gesundes Misstrauen der Schlüssel zur Datensicherheit, denn wenn solche Manipulationsversuche aufgedeckt werden, hat man nicht länger das Bedürfnis, sich mit einer Gefälligkeit zu revanchieren.

4.2.2 Commitment & Konsistenz – Wer A sagt muss nicht B sagen

Weitere psychologische Beeinflussungsmechanismen, die gerne von Social Engineers ausgenutzt werden, sind Commitment und Konsistenz. Beispielsweise nimmt der Angreifer Kontakt zu einer recht neuen Mitarbeiterin auf. Er rät ihr, die allgemeinen Sicherheitsrichtlinien des Unternehmens einzuhalten, da sie Voraussetzung für die Nutzung des Informationssystems sind. Er bespricht einige Sicherheitspraktiken mit ihr und fragt sie anschließend nach ihrem Passwort, angeblich um zu kontrollieren, ob sie sich an die Vorgabe hält, nur schwer zu erratende Passwörter zu verwenden. Die neue Mitarbeiterin, die ihren Job nicht gefährden möchte und die Praktiken im Unternehmen noch nicht hinterfragen kann, nennt ihr Passwort bereitwillig. Der Angreifer rät ihr, ihre Passwörter in Zukunft auf eine bestimmte Weise zu gestalten – und zwar so, dass er in der Lage sein wird, diese zu erraten. Das Opfer hat durch ihre vorige Zustimmung, sich an die Sicherheitsrichtlinien zu halten, ein Commitment abgegeben und wird sich daher nun konsistent dazu verhalten und die Anweisungen befolgen (Mitnick & Simon, 2006).

Eine wirksame Abwehrstrategie, um sich gegen Commitment und Konsistenz als Waffen der Einflussnahme zur Wehr zu setzen, besteht darin, sich eines selber zu verdeutlichen: Konsistentes Verhalten ist zwar grundsätzlich gut und wichtig, es gibt jedoch auch eine sture und törichte Ausprägung, vor der es sich selbst zu bewahren gilt. Robert B. Cialdini beschreibt in seinem Buch „Die Psychologie des Überzeugens" zwei Signale, an denen man erkennen kann, dass Konsistenz einen zu falschen Entscheidungen führt. Zum einen sind das die Signale vom Magen, die leicht als komisches Bauchgefühl zu erkennen sind und immer dann auftreten, wenn man eine Entscheidung getroffen hat, die man so eigentlich nicht will. In dem obigen Beispiel würde ihr Bauchgefühl der Mitarbeiterin also möglicherweise anzeigen, dass die Frage nach ihrem Passwort und das Befolgen der Anweisungen des vermeintlichen IT-Mitarbeiters sie aufgrund des Bedürfnisses, sich selbst treu zu bleiben, zu etwas drängt, was sie nicht will – der Preisgabe ihres Passworts. In diesem Fall, und in allen ähnlichen Situationen, sollte das Opfer bestenfalls einsehen, dass die eigene Bereitwilligkeit nur ein Ergebnis unüberlegten Konsistenzverhaltens ist und davon Abstand nehmen.

Des Weiteren sprechen psychologische Forschungsergebnisse vermehrt dafür, dass Menschen ihre Emotionen einer bestimmten Sache gegenüber einen Sekundenbruchteil vor der verstandesmäßigen Einstellung dazu wahrnehmen (Murphy & Zajonc, 1980; van den Berg et al., 2006). Wenn man in einer Situation nicht weiß, ob ein anfängliches Commitment falsch war und der Verdacht geschöpft wird, dass man gleich etwas Unvernünftiges tut, nur um konsistent zu sein, sollte man sich die Frage stellen: „Bei dem was ich jetzt weiß - würde ich, wenn die Zeit zurückgedreht wird, das Gleiche wieder tun?". Die erste Emotion, die man daraufhin spürt, kann sehr lehrreich sein hinsichtlich der Frage, ob man sich selber etwas vormacht, um das eigene Verhalten hinsichtlich des abgegebenen Commitments zu rechtfertigen (Cialdini, 2017).

Im vorliegenden Fall könnte sich die Mitarbeiterin vor Preisgabe ihres Passwortes fragen „Nur weil ich gesagt habe, dass ich mich an die Sicherheitsrichtlinien halte, soll ich nun einem Fremden mein Passwort verraten. Würde ich unter diesen Voraussetzungen immer noch eine verbindliche Zusage hinsichtlich der ominösen Sicherheitsrichtlinien abgeben?". Vermutlich würde das erste Gefühl der Mitarbeiterin deutlich sagen, dass es sich hier um eine fragwürdige Entscheidung in einer verdächtigen Situation handelt, die so nicht ihren Lauf nehmen sollte.

Um Mitarbeiter hinsichtlich Beeinflussung durch die Prinzipien von Commitment und Konsistenz zu sensibilisieren, gilt es, auch die eigene Anfälligkeit für solche

Angriffe aufzudecken. Wie im dritten Kapitel dieser Arbeit erläutert, sind vor allem über 50-jährige Personen aus individualistischen Gesellschaften besonders anfällig in diesem Bereich (Cialdini, 2017). Der Fokus einer Social Engineering Prävention sollte daher insbesondere auf dieser Personengruppe liegen.

4.2.3 Soziale Bewährtheit – Die Meinung aller ersetzt das Denken nicht

Auch das Prinzip der sozialen Bewährtheit wird häufig von Social Engineers als Waffe der Einflussnahme verwendet, da es auf ein breites Spektrum von Verhaltensweisen Einfluss nehmen kann. Besonders gefährlich ist dieses Prinzip insofern, als dass der Mensch sich die meiste Zeit am Verhalten anderer orientiert und die daraus gezogenen Informationen in der Regel praktisch und hilfreich sind (Surowiecki, 2004).

Angenommen, ein Social Engineer ruft den Mitarbeiter eines Unternehmens an, um eine Umfrage durchzuführen. Durch vorige Recherche kann er dem Opfer einige Namen von Personen aus demselben Unternehmen nennen, die bereits ebenfalls an der Umfrage teilgenommen haben. Diese Tatsache bestätigt für den angerufenen Mitarbeiter die Authentizität der Anfrage und er stimmt der Teilnahme zu. Der Angreifer stellt nun einige Fragen, unter denen sich beispielsweise auch welche befinden, die den Benutzernamen oder sogar das zugehörige Passwort offenbaren (Mitnick & Simon, 2006).

Der Nachteil von automatischem Handeln nach dem Prinzip der sozialen Bewährtheit kommt hier also nur zum Tragen, weil der Person inkorrekte Informationen übermittelt wurden. Aus dieser Tatsache lässt sich auch schon die beste Abwehrstrategie gegen Manipulation durch das Prinzip der sozialen Bewährtheit ableiten: Erkennen, wann Daten fehlerhaft sind.

Dies ist der Fall, wenn soziale Beweise vorsätzlich gefälscht wurden (Cialdini, 2017). Diese Methode wurde auch vom Social Engineer im obigen Beispiel angewendet, indem er behauptet, andere Kollegen hätten bereits an der Studie teilgenommen. Für solche Situationen müssen die Mitarbeiter sensibilisiert werden, sodass sofort alle Alarmglocken schrillen. Die Nennung der Namen sollte als bewusst eingespielter Beweis für soziale Bewährtheit identifiziert werden, um dann zu ergründen, ob diese Daten inkorrekt sind. In einem breiten Feld an Situationen wollen und können wir uns an dem Verhalten anderer orientieren. Stellt man jedoch fest, dass die Beweise manipuliert wurden, sodass auf die Gültigkeit der gewonnenen Informationen kein Verlass ist, sollte sich zur Wehr gesetzt und die Zweifel offen angesprochen werden.

Um die eigene Anfälligkeit für verfälschte soziale Beweise zu reduzieren, empfiehlt es sich also, wachsam auf offensichtlich manipulierte Informationen hinsichtlich des angeblichen Verhaltens der Mitmenschen zu achten und sich zu verdeutlichen, dass deren Handlungen nicht der einzige Beweggrund für unsere Entscheidungen sein sollten.

4.2.4 Sympathie – Wenn Zuneigung gefährlich wird

Sympathie ist eine der wichtigsten und einflussreichsten Waffen, um jemanden von sich und seiner Meinung zu überzeugen (Mitnick & Simon, 2006). Doch so normal das Entstehen von Sympathie gegenüber einem Menschen im Alltag ist, so gefährlich kann es auch werden, wenn es von bestimmten Personen gezielt ausgenutzt wird.

Doch wie wiedersetzt man sich solch einer Manipulation? Die Gültigkeit der Sympathieregel ist doch in vielen Situation wünschenswert ist und es gibt unzählige Möglichkeiten, sich bei seinem Gegenüber sympathisch zu machen. Zu verwerfen ist an dieser Stelle der Versuch, alle Faktoren der Beeinflussung zu erkennen und sofort abzublocken. Der Fokus liegt vielmehr darauf, zu realisieren, ob eine unangemessene Sympathie schon entstanden ist. Ziel ist es, zum Zeitpunkt, in dem einem bewusst wird, dass man unter gegebenen Umständen ungewöhnlich viel Sympathie für sein Gegenüber empfindet, diese zu hinterfragen und so einen ungewünschten Einfluss der sympathiebezogenen Faktoren auf unsere Entscheidungen zu verhindern. Kommt man nun zu dem Schluss, dass einem sein Gegenüber sympathischer ist, als erwartet, empfiehlt es sich, gedanklich einen Schritt zurück zu treten und zwischen dem Anbieter und dem Angebotenen zu differenzieren. Dabei ist es irrelevant, ob es sich bei dem „Angebot" um ein Auto, einen Staubsauger, die Bitte um eine Spende oder das Begehren um Zugang zu einer Datensoftware im Unternehmen handelt. Die Frage muss immer lauten: Resultiert meine Überzeugung tatsächlich aus meiner Einstellung und meinen Gefühlen zu der Sache oder nur zu der Person mir gegenüber? (Cialdini, 2017)

4.2.5 Autorität – Nicht alles Gute kommt von oben

Ein vermeintlicher Mitarbeiter ruft über eine firmeninterne Nummer an, da er auf Anweisung des Geschäftsführers agiere und dieser ihn beauftragt habe, zur dringenden Abwicklung eines Auftrags schnellstmöglich die Daten eines Kunden in Erfahrung zu bringen. Dazu benötige er nun Zugang zu der Datensoftware.

Wer würde dem Kollegen in dieser Situation nicht helfen? Zumal die Anweisung von der obersten Hierarchieebene des Unternehmens kommt. Diese Autoritätshörigkeit machen sich Social Engineers in oben dargestellten Szenarien oft zu Nutze. Wie im entsprechenden Kapitel dargestellt, ist Autoritätshörigkeit ein fest im Menschen verankerter Mechanismus der ihm in jeglichen Altersstufen und unterschiedlichsten Bereichen des Lebens nützlich und vorteilhaft ist. Doch auch ein solcher Mechanismus kann als Waffe der Einflussnahme von Kriminellen missbraucht werden, um anderen zu schaden. Um sich effektiv vor dem Einfluss von Autorität zu schützen, hilft es, diesen besser zu verstehen und sich bewusst zu sein, wie leicht der menschlichen Psyche durch falsche Symbole Autorität vorgegaukelt wird. Doch wie erkennt man, ob es sich um echte oder vorgetäuschte Autorität handelt und ob man einer Autorität besser Folge leistet oder nicht?

Hierzu gibt es zwei entscheidende Fragen, die man sich selber stellen kann. Zum einen: Ist diese Autoritätsperson tatsächlich ein Experte? Dabei geht es vornehmlich um zwei zentralen Faktoren. Erstens, die Referenzen der Autorität und zweitens, die Relevanz für diese Sache. Im Rahmen der Referenzen soll der menschliche Fokus weggelenkt werden von möglicherweise bedeutungslosen Symbolen wie Titel, Kleidung und Insignien, hin zu den tatsächlichen Beweisen für die Autorität einer Person. Hinsichtlich der Relevanz stellt sich die Frage nach der Einschlägigkeit der Autorität in dieser Situation (Cialdini, 2017). Ist der Geschäftsführer im oben dargestellten Fall wirklich persönlich für die Abwicklung eines bestimmten Auftrags zuständig? Oder handelt es sich hier möglicherweise um eine vorgeschobene Autorität, um Eindruck zu schinden und seiner Bitte Nachdruck zu verleihen? Lösen diese Fragen Zweifel an seinem Gegenüber und seiner Forderung aus, ist es ein Leichtes, die Bitte vorerst freundlich zurückzuweisen und zunächst der Richtigkeit dieser Anfrage auf den Grund zu gehen.

Die andere Frage, die man sich beim Einfluss einer Autorität auf die eigenen Entscheidungen stellen sollte, ist: Wie viel Vertrauenswürdigkeit können wir von diesem Experten erwarten? Es schadet durchaus nicht, einmal kurz darüber nachzudenken, inwieweit ein Experte von dem Verhalten, das er fordert, oder dem Rat, den er einem gibt, möglicherweise selbst profitieren würde. Dies ermöglicht einem die Schaffung und Aufrechterhaltung eines Schutzschildes gegen automatische und unangemessene Beeinflussung (Cialdini, 2017).

Mithilfe dieses Vorgehens wird der eigene Schutz vor Beeinflussung durch Autorität in vielen Situationen effektiv gewährleistet.

4.2.6 Knappheit – Selten ist nicht immer besser

Das Prinzip der Knappheit ist grundsätzlich leicht zu durchschauen und so ist es ebenfalls ein Leichtes, bei erkanntem Knappheitsdruck vorsichtig zu werden. Schwieriger ist hingegen die Frage, welches Verhalten in einer solchen Situation nun das Richtige ist. Das größte Problem liegt in einem körperlichen Erregungszustand begründet, in den der Mensch leicht gerät, wenn ihm etwas unerreichbar zu werden droht. Insbesondere im Wettbewerb mit anderen um eine bestimmte Sache verengt sich die menschliche Aufmerksamkeit, das Blut gerät in Wallung und die Gefühle steigen (Teuscher, 2005). Liegt nach Durchsicht dieser Arbeit das Wissen vor, welche ungeahnte Wirkung die Knappheit auf den Menschen haben kann, bedeutet das aber noch lange keinen wirksamen Schutz gegen eine solche Beeinflussung. Wissen ist etwas Kognitives und emotionale Reaktionen unterdrücken in einer solchen Situation die kognitiven Prozesse. Aus diesem Grund vermögen Knappheitstaktiken eine solch hohe Effektivität aufzuweisen. Sieht man sich jedoch in einer Situation, in der man sich für oder gegen eine Sache entscheiden muss, dem Druck durch Wettbewerb und knappe Ressourcen ausgesetzt, hilft es, ein zweistufiges Vorgehen anzuwenden.

Sobald das Aufsteigen einer emotionalen Erregung verspürt wird, empfiehlt es sich, diese Erregung als Signal zu deuten und einen Moment innezuhalten. Im Falle einer Entscheidungssituation sind panikartige und überstürzte Reaktionen grundsätzlich fehl am Platz. Hat sich eine gewisse Beruhigung eingestellt, kann zur zweiten Stufe übergegangen werden. Die Frage lautet hier, warum man die Sache, um die es gerade geht, überhaupt begehrt. Geht es einem darum, diese Sache tatsächlich zu besitzen? Oder liegt der Grund primär in der Funktion, deretwegen wir die Sache haben wollen? In diesem Fall sollte man sich vor Augen führen, dass der Gebrauchswert einer Sache nicht davon abhängt, wie knapp oder reichlich sie vorhanden ist (Cialdini, 2017). Um sich auf das oben ausgeführte Beispiel zu beziehen: Knappe Schokoladenkekse schmecken nicht gleichzeitig auch besser als reichlich vorhandene. Nach der Gemütsberuhigung empfiehlt es sich also, das Angebot unter dem Gesichtspunkt zu prüfen, warum man es gerne haben möchte und ob man tatsächlich das bekäme, was man will.

Ein Social Engineer könnte das Knappheitsprinzip beispielsweise in folgendem Szenario für seine Zwecke nutzen:

Er verschickt E-Mails an alle Mitarbeiter, in der er behauptet, die ersten 500 Personen, die sich bei der neuen Website des Unternehmens registrieren, gewinnen Freikarten für eine Kinopremiere. Besucht der arglose, und vom knappen Angebot motivierte, Angestellte die Seite, um sich zu registrieren, wird er nach seiner dienstlichen E-Mailadresse sowie einem Passwort gefragt. Ein Großteil der Menschen wählt hier aufgrund von Bequemlichkeit das gleiche oder zumindest ein ähnliches Passwort wie für den Zugang seines Computers. Dies macht der Angreifer sich zu Nutze, indem er die Daten von der gefälschten Website abgreift und damit versucht, sich Zugang zu den Dienst- und privaten Computersystemen der Mitarbeiter zu verschaffen (Mitnick & Simon, 2006).

Hier wäre ein kurzes In-Sich-Kehren sowie Hinterfragen der Situation hinsichtlich der etwas ungewöhnlichen Belohnung für die Registrierung bei einer Firmenwebsite anzuraten. Außerdem ist das oben genannte Zwei-Stufen-Schema anzuwenden. Die Begrenzung der Freikarten löst eine innere Unruhe aus, die zu einer schnellen, unüberlegten Handlung führt. Wurde dieses Signal erkannt, kann im zweiten Schritt erfragt werden: Möchte ich diese Freikarten tatsächlich so gerne haben? Oder liegt die innere Motivation lediglich in der Tatsache, dass die Stückzahl begrenzt ist und man sich in einem Wettbewerb mit den Kollegen befindet. Daran anschließend ist dann zu hinterfragen: Ist das, was preisgegeben wird, also die persönlichen Daten, in dieser Situation wirklich angemessen in Relation zu dem was man bekommt und der Stärke des Verlangens danach? Ein zum Teil nicht immer leichter Prozess, der trotzdem zu empfehlen ist, um sich vor ungewolltem Einfluss durch das Prinzip der Knappheit zu schützen.

In Unternehmen in denen eine gute und unkomplizierte Kommunikation gefördert wird, deckt eine kurzer Austausch mit Kollegen und Vorgesetzten den Angriff möglicherweise schnell auf und die Datensicherheit der Mitarbeiter ist gewährleistet. Auf die Relevanz von firmeninternen Kommunikationsabläufen sowie dem generellen Betriebsklima wird im folgenden Kapitel näher eingegangen.

4.3 Verhaltenshinweise im Unternehmen

Neben den spezifischen Tipps und Tricks, den einzelnen Waffen der Einflussnahme zu widerstehen und ungewollte Manipulation zu vermeiden, gibt es einige weitere Punkte, die in einem Unternehmen zu beachten sind, um einen möglichst effektiven Schutz vor Social Engineering Angriffen zu gewährleisten und bei den Beschäftigten ein Bewusstsein für die Relevanz und Kritikalität des Themas Datensicherheit und Social Engineering zu schaffen.

Zum einen handelt es sich dabei um Anreizsysteme. Die klassischen Awareness-Seiten im Internet vermitteln zwar viele gute Tipps, sie helfen jedoch nur den Anwendern, die bereits sensibilisiert sind für dieses Thema und sich aus eigenem Antrieb auf diesen Seiten informieren. Ziel eines Unternehmens sollte es sein, den eigenen Mitarbeitern Anreize zu bieten, sich selber mit der Sicherheit im Netz zu befassen und bestenfalls auch das eigene Verhalten zu ändern. Ein Prinzip, welches im Rahmen dieser Anreizsysteme genutzt werden kann, ist ein uns bereits bekanntes: Das Prinzip der Autorität. Hier jedoch in ihrem positiven Sinne. Insbesondere in kleineren Unternehmen kann die Geschäftsleitung oft viel erreichen, wenn sie das Thema Social Engineering und entsprechende Prävention selbst und proaktiv anspricht. Grundlage dieser Überlegung ist die regelmäßig gemachte Beobachtung, dass Mitarbeiter sich in Bezug auf Sicherheitsfragen eher an ihren Vorgesetzten orientieren, als am IT-Personal. Auf dieser Grundlage erweist es sich als förderlicher, wenn im ersten Schritt das Management das Thema aufgreift und Anreize zur Prävention schafft (Weßelmann, 2008).

Auf diesem Verhältnis und der Kommunikation zwischen Angestellten und Vorgesetzten liegt auch der Fokus eines weiteren wichtigen Themenfeldes im Rahmen der Social Engineering Prävention: Das Arbeitsklima. Abgesehen von einer gesteigerten Arbeitszufriedenheit, geht das Wohlbefinden der Angestellten im Unternehmen auch mit einem Schutz vor Social Engineering Angriffen einher. Fühlt ein Mitarbeiter sich unwohl und vermisst die Anerkennung durch seine Vorgesetzten oder Kollegen, ist er eher empfänglich für Lob und Schmeicheleien durch Außenstehende. Ein Social Engineer, der sich die Taktik der Sympathiebekundungen zu Nutze macht, hat in diesen Fällen ein deutlich leichteres Spiel. Als weiteres Ziel des Unternehmens empfiehlt es sich, die Loyalität der Mitarbeiter zu fördern. Dies minimiert das Risiko, dass ein Mitarbeiter aus Ärger oder Resignation bewusst sensible Daten weitergibt, um dem Unternehmen zu schaden. Darüber hinaus ist ein kollegiales Vertrauensverhältnis wichtig für eine entspannte Arbeitsatmosphäre in der sich kurze Nachfragen zu ungewöhnlichen Vorfällen schnell klären lassen.

Des Weiteren ist die Vermeidung von Druck und Angst seitens der Vorgesetzten auf die Mitarbeiter ratsam. Verunsicherte Mitarbeiter sind, wie oben erläutert, anfälliger für Angriffe. Zudem wird, für den Fall, dass es zu einem Social Engineering Angriff gekommen ist, die Aufklärung deutlich erschwert. Hat ein Mitarbeiter unwissentlich sensible Daten weitergegeben, wird er sich aus Angst vor den Konsequenzen scheuen, den Vorfall zu melden. Nur, wenn das Unternehmen zeitnah von einem solchen Sicherheitsvorfall erfährt, besteht die Chance, größere Schäden rechtzeitig zu verhindern und zukünftige Angriffe abzuwehren (DATEV-Gesamtsicherheitsgremium & Deutschland sicher im Netz e.V., 2015).

Neben diesen allgemeinen und grundlegenden Strukturen und Vorgehensweisen, die im Unternehmensalltag etabliert sein sollten, kann man sich natürlich auch bestimmten Trainings und Übungen bedienen, um das Unternehmen und die einzelnen Mitarbeiter vor Datenmissbrauch zu bewahren.

4.4 Trainings & Methoden

Ein klassisches Beispiel zur Sensibilisierung hinsichtlich Social Engineering Angriffen sind Workshops im Unternehmen, bei denen unter anderem alte Vorfälle aufgearbeitet werden und anhand des zuvor gelehrten Wissens über die Taktiken der Social Engineers analysiert werden (Schaumann, 2017).

Ein ähnliches Vorgehen bietet auch die Microsoft Plattform „Internet Risk Behaviour Index" (IRBI). Hierbei handelt es sich um einen, seit Juni 2008 betriebenen, Simulator für kritische Online-Situationen. Ziel ist es dabei, für mehr Sicherheit im Internet zu sorgen (Degenhardt, 2008).

Ein weiterer Faktor, der im Zusammenhang mit Social Engineering eine äußerst wichtige Rolle spielt, ist die Rhetorik. Auf der Seite der Angreifer dient sie als „Waffe", auf Opferseite aber gleichermaßen auch als Abwehrmöglichkeit. Die Förderung der Kompetenzen in diesem Bereich ist daher für die Sicherheit eines Unternehmens unerlässlich. Einen Kernpunkt stellen dabei offene und geschlossene Fragen dar. Als Beispiel dient hier der Bereich des IT-Supports. Oft werden geschlossene Fragen gestellt, wie beispielsweise: „Melden Sie sich für gewöhnlich an der Domäne musterdomäne.int.de an?". In dieser Frage vermittelt der IT-Mitarbeiter dem Angreifer bereits mindestens eine Information, nämlich den Namen der internen Domäne. Diese kann für den Social Engineer in seinem weiteren Vorgehen sehr hilfreich sein. Besser wäre diese Frage also als offene Frage zu formulieren: „Können Sie mir sagen, an welcher Domäne Sie sich anmelden?". Dies bringt den

Social Engineer in eine unangenehme Situation, wenn er die Frage nicht beantworten kann. Ist der IT-Mitarbeiter nun für die Angriffsmethoden eines Social Engineer sensibilisiert, wird er schnell Verdacht schöpfen und kann den Anrufer durch weitere Fragen in die Enge treiben, bis er schließlich aufgibt und auflegt (Baumann, Schimmer & Fendl, 2007). Gut geschulte Mitarbeiter und eine taktisch kluge Formulierung von Fragen können somit bereits einen großen Teil zur Datensicherheit im Unternehmen beitragen.

Parallel zu diesen Trainings und Schulungsmaßnahmen der Mitarbeiter können Geschäftsführung und Sicherheitsexperten auch von Penetrationstests Gebrauch machen. Diese Tests beinhalten einen kontrollierten Versuch, als nicht autorisierte Person in das Computersystem bzw. -netzwerk einzudringen. So können Schwachstellen identifiziert und durch entsprechende Maßnahmen beseitigt werden (Bundesamt für Sicherheit in der Informationstechnik, 2003).

5 Fazit

Um erfolgreiche Prävention gegen schädliche Social Engineering Angriffe betreiben zu können, bedarf es einer umfassenden und verständlichen Aufklärung über Social Engineering sowie seinen psychologischen Wirkmechanismen. Dem dienen insbesondere die einleitenden Erläuterungen zu den technischen Vorgehensweisen und der Informationssammlung, sowie die detaillierte Betrachtung der verschiedenen kognitiven und sozialen Beeinflussungsmechanismen. Dabei zeigt sich, dass die menschliche Schwäche für Angriffe auf dieser Ebene evolutionär bedingt ist und aus diesem Grund keinesfalls vollkommen eliminiert werden kann. Das Denken, Entscheiden und Handeln nach bestimmten Schemata durch automatische Mechanismen kann und sollte dem Menschen auch nicht ausgetrieben werden, da es für das soziale Zusammenleben und die eigene Entscheidungsfähigkeit von eklatanter Bedeutung ist und die Vorteile letztlich schwerer wiegen, als der Schaden, der im Missbrauch durch Social Engineers verursacht werden kann. Stattdessen benötigt der Mensch vielmehr die Fähigkeit, adäquat zwischen dem nutzbringenden, für die Gesellschaft förderlichen und dem gefährlichen, schädlichen Einsatz von Beeinflussung zu unterscheiden. Dies gilt sowohl für die Mitarbeiter eines Unternehmens, um die weitreichenden, oft finanziellen Schäden eines Social Engineering Angriffs zu vermeiden, als auch für jede Einzelperson im Hinblick auf private Datensicherheit und die alltäglichen Beeinflussungen durch Medien, Verkäufer und andere Mitmenschen.

Faktisch hat man mit dem Phänomen des Social Engineerings einen weitreichenden und vielfältigen Bereich vor sich, der verschiedenste Erscheinungsformen und Deutungsmöglichkeiten mit sich bringt und dem jeder täglich unbemerkt zum Opfer fallen kann. Kritisch und somit verbesserungswürdig ist daher der geringe Umfang an Aufklärungsarbeit, sowohl in Unternehmen als auch in der Öffentlichkeit und in den Medien. In vielen Bereichen ist immer noch deutlich zu beobachten, dass Technik als Lösung für das Problem von Hackerangriffen und Datenklau gehandelt wird. In jedem Unternehmen sind ausgefeilte und teure Antivirensoftware im Einsatz, doch dabei wird die Berücksichtigung menschlicher Faktoren oft außer Acht gelassen. Die vorliegende Arbeit beinhaltet eine Aufklärung über Social Engineering hinsichtlich der psychologischen, im Menschen verankerten Aspekte, die von einem Social Engineer bei nahezu jedem Angriff genutzt werden, und sollte somit zu der Erkenntnis führen, dass nicht etwa die Technik, sondern der Mensch eine entscheidende Komponente bei der Gestaltung effektiver Präventionsprogramme darstellt. Gleichwohl das updaten einer Software unkomplizierter ist, als den Menschen auf den neusten Stand zu bringen, lohnt es sich doch, in die Weiterbildung und Förderung der Mitarbeiter in Form von Trainings, Schulungen oder Workshops zu investieren. In diesem Rahmen erlangen die Mitarbeiter durch das nötige Wissen über Social Engineering Angriffe und eine Sensibilisierung für das Thema einen entscheidenden Kompetenzgewinn für die tägliche Auseinandersetzung mit Beeinflussungsversuchen durch Social Engineers. Die Verinnerlichung eines erfolgversprechenden Zusammenspiels aus gesundem Misstrauen und Einhaltung gewisser Regeln führt letztlich zum gewünschten Erfolg bei der Prävention gegen schädliche Social Engineering Angriffe.

Literaturverzeichnis

Aune, R. K. & Basil, M. C. (1994). A relational obligations approach to the foot-in-the-mouth effect. *Journal of Applied Social Psychology, 24,* 546-556.

Baumann, U., Schimmer, K. & Fendl, A (2007). *Faktor Mensch. Die Kunst des Hackens oder warum Firewalls nichts nützen. SAP Pocketseminar.* SAP AG

Benton, A. A., Kelley, H. H. & Liebling, B. (1972). Effects of Extremity of Offers and Concession Rate on the Outcomes of Bargaining. *Journal of Personality and Social Psychology, 24,* 73-83.

Bitkom (2016). *Spezialstudie Wirtschaftsschutz.* Berlin: Bitkom Research GmbH

Bornstein, R. F., Leone, D. R. & Galley, D. J. (1987). The generalizability of subliminal mere exposure effects. *Journal of Personality and Social Psychology, 53,* 1070-1079.

Brehm, J. W. (1966). *A theory of psychological reactance.* New York: Academic Press.

Brockner, J. & Rubin, J. Z. (1985). *Entrapment in escalating conflicts: A social psychological analysis.* New York: Springer.

Brown, S. L., Asher, T. & Cialdini, R. B. (2005). Evidence of a positive relationship between age and preference for consistency. *Journal of Research in Personality, 39,* 517-533.

Bundesamt für Sicherheit in der Informationstechnik (2011). *IT-Grundschutz. Social Engineering.* Verfügbar unter: https://www.bsi.bund.de/DE/Themen/ITGrundschutz/ITGrundschutzKataloge/Inhalt/_content/g/g05/g05042 [02.05.2018, 15:35 Uhr]

Bundesamt für Sicherheit in der Informationstechnik (2003). *Studie. Durchführungskonzept für Penetrationstests.* Bonn: BSI.

Burger, J. M., Messian, N., Patel, S., del Prado, A. & Anderson, C. (2004). What a coincidence! The effects of incidental similarity on compliance. *Personality and Social Psychology Bulletin, 30,* 35-43.

Burgoon, M., Alvaro, E., Grandpre, J. & Voulodakis, M. (2002). Revisiting the theory of psychological reactance. In J.P. Dillard & M. Pfau (Hrsg.), *The persuasion handbook: Theory and practice* (pp. 213-232). Thousand Oaks, CA: Sage.

Cialdini, R. B. (2017). *Die Psychologie des Überzeugens. Wie Sie sich selbst und Ihren Mitmenschen auf die Schliche kommen.* Bern: Hogrefe Verlag

Cialdini, R. B., Vincent, J. E., Lewis, S. K., Catalan, J., Wheeler, D. & Darby, B. L. (1975). Reciprocal Concessions Procedure for Inducing Compliance: The Door-in-the-Face Technique. *Journal of Personality and Social Psychology, 31,* 206-215.

Cioffi, D. & Garner, R. (1996). On doing the decision. The effects of active versus passive choice on commitment and self-perception. *Personality and Social Psychology Bulletin, 22,* 133 - 147.

Cohen, M. & Davis, N. (1981). *Medication errors: Causes and prevention.* Philadelphia: G. F. Stickley Co.

Conheady, S. (2011). Interview mit Sharon Conheady über Social Engineering. Verfügbar unter: https://video.golem.de/internet/6440/interview-sharon-conheady.html [01.05.2018, 10:20 Uhr]

DATEV-Gesamtsicherheitsgremium & Deutschland sicher im Netz e.V. (2015). *Verhaltensregeln zum Thema „Social Engineering". Spezialausgabe: Leitfaden für Mitarbeiter.* Berlin: Deutschland sicher im Netz e.V.

Dauten, D. (2004, July 22). How to be a good waiter and other innovative ideas. *Arizona Republic,* S. D3.

Degenhardt, W. (2008). *Microsoft IRBI Whitepaper.* München

Downs, A. C. & Lyons, P. M. (1990). Natural observations of the link between attractiveness and initial legal judgements. *Personality and Social Psychology Bulletin, 17,* 541-547.

Drachman, D., deCarufel, A. & Insko, C. A. (1978). The extra credit effect in interpersonal attraction. *Journal of Experimental Social Psychology, 14,* 458-467.

Dudenredaktion (o. J.). "Autorität" auf Duden online. Verfügbar unter: https://www.duden.de/rechtschreibung/Autoritaet [10.05.2018, 19:45 Uhr]

Dudenredaktion (o. J.). „Insigne" auf Duden online. Verfügbar unter: https://www.duden.de/rechtschreibung/Insigne [28.05.2018, 12:15 Uhr]

Dunham, K. (2008). *Mobile Malware Attacks and Defense.* Burlington: Syngress.

Eagly, A. H., Ashmore, R. D., Makhijani, M. G. & Longo, L. C. (1991). What is beautiful is good, but...: A meta-analytic review of research on the physical attractiveness stereotype. *Psychological Bulletin, 110,* 109-128.

Emswiller, T., Deaux, K. & Willits, J. E. (1971). Similarity, sex, and requests for small favors. *Journal of Applied Social Psychology, 1,* 284-291.

Fazio, R. H., Blascovich, J. & Driscoll, D. (1992). On the functional value of attitudes. *Personality and Social Psychology Bulletin, 18,* 388-401.

Festinger, L. (1954). A theory of social comparison processes. *Human Relations, 7,* 117-140.

Festinger, L. (1957). *A theory of cognitive dissonance.* Stanford: Stanford Universitiy Press [dt. (1978). Theorie der kognitiven Dissonanz. Bern: Huber].

Fleischer, D. (2016). *Wirtschaftsspionage. Phänomenologie – Erklärungsansätze - Handlungsoptionen.* Wiesbaden: Springer Vieweg

Freedman, J. L. & Fraser, S. C. (1966). Compliance without pressure: The foot-in-the-door technique. *Journal of Personality and Social Psychology, 4,* 195-203.

Gerrig, R. J. & Zimbardo P. G. (2008). *Psychologie* (18. Aufl.). München: Pearson.

Gigerenzer, G. & Gaissmaier, W. (2006). Denken und Urteilen unter Unsicherheit: kognitive Heuristiken. In J.Funke (Hrsg.), *Denken und Problemlösen* (S.329-338). Göttingen: Hogrefe.

Gouldner, Alvin W. (1960). The Norm of Reciprocity: A Preliminary Statement. *American Sociological Review, 25,* 161-178.

Hadnagy, C. (2011). *Die Kunst des Human Hacking.* Heidelberg, München, Landsberg, Frechen, Hamburg: mitp.

Hadnagy, C. (2014). *Social Engineering enttarnt: [Sicherheitsrisiko Mensch].* Frechen: mitp Verlag.

Hammermesh, D. & Biddle, J. E. (1994). Beauty and the labor market. *The American Economic Review, 84,* 1174-1194.

Heider, F. (1946). Attitudes and cognitive organization. *Journal of Psychology, 21,* 107-112.

Higgins, E. T., Lee, J., Kwon, J. & Trope, Y. (1995). When combining intrinsic motivations undermines interest. *Journal of Personality and Social Psychology, 68,* 749-767.

Hutter, T. (2018). *Facebook: aktuelle Zahlen zu Facebook (Q1/2018).* Verfügbar unter: https://www.thomashutter.com/facebook-aktuelle-zahlen-zu-facebook-q1-2018/ [07.05.2018, 17:40 Uhr]

Kerr, N. L. & MacCoun, R. J. (1985). The effects of jury size and polling method on the process and product of jury deliberation. *Journal of Personality and Social Psychology, 48,* 349-363.

Knox, R. E. & Inkster, J. A. (1968). Postdecisional dissonance at post time. *Journal of Personality and Social Psychology, 8,* 319-323.

Latané, B. & Darley, J. M. (1968). *The unresponsive bystander: Why doesn't he help?* New York: Appleton-Century-Crofts.

Leaky, R. & Lewin, H. (1978*). People of the lake.* New York: Anchor Press.

Leinemann, R. (2013). *Social Media: Der Einfluss auf Unternehmen.* Berlin, Heidelberg: Springer.

Lepper, M. R. & Greene, D. (Hrsg.). (1978). *The hidden costs of reward.* Hillsdale, NJ: Lawrence Erlbaum.

Lipski, M. (2009). *Social Engineering. Der Mensch als Sicherheitsrisiko in der IT.* Hamburg: Diplomica.

Long, J., Pinzon, S., Wiles, J. & Mitnick, K. D. (2008). *No Tech Hacking: A Guide to Social Engineering, Dumpster Diving, and Shoulder Surfing.* Burlington: Syngress.

Lun, J., Sinclair, S., Whitchurch, E. R. & Glenn, C. (2007). (Why) do I think what you think? Epistemic social tuning and implicit prejudice. *Journal of Personality and Social Psychology, 93,* 957-972.

Lynn, M. (1989). Scarcity effect on value: Mediated by assumed expensiveness. *Journal of Economic Psychology, 10,* 257-274.

Mack, D. & Rainey, D. (1990). Female applicants' grooming and personnel selection. *Journal of Social Behavior and Personality, 9,* 399-407.

Maro, Fred (2012). *Von netten und anderen Menschen.* Berlin: epubli.

Mazis, M. B. (1975). Antipollution measures and psychological reactance theory: A field experiment. *Journal of Personality and Social Psychology, 31,* 654-666.

Mazis, M. B., Settle, R. B. & Leslie, D. C. (1973). Elimination of phosphate detergents and psychological reactance. *Journal of Marketing Research, 10,* 390-395.

Milgram, S. (1974). *Obedience to authority.* New York: Harper & Row [dt. (1974). Das Milgram-Experiment. Hamburg: Rowohlt.]

Mita T. H., Dermer, M. & Knight, J. (1977). Reversed facial images and the mere exposure hypothesis. *Journal of Personality and Social Psychology, 35,* 597-601.

Mitnick, K. D. & Simon, W. L. (2006). *Die Kunst der Täuschung. Risikofaktor Mensch.* Mitp-Verlag.

Monahan, J. L., Murphy, S. T. & Zajonc, R. B. (2000). Subliminal mere exposure: Specific, general, and diffuse effects. *Psychological Science, 11,* 462-466.

Moriarty, T. (1975). Crime, commitment and the responsive bystander. *Journal of Personality and Social Psychology, 31,* 370 - 376.

Murphy, S. T. & Zajonc, R. B. (1993). Affect, cognition and awareness. *Journal of Personality and Social Psychology, 64,* 723-739.

Newcomb, T. (1953). An approach to the study of communicative acts. *Psychological Review, 60,* 393 - 404.

Olsen, I. R. & Marshuetz, C. (2005). Facial attractiveness is appraised in a glance. *Emotion, 5,* 498-502.

Platow, M. J., Haslam, S. A., Both, B., Chew, I., Cuddon, M., Goharpey, N., Maurer, J., Rosini, S., Tsekouras, A. & Grace, D. M. (2005). «It's not funny if they're laughing»: Self categorization, social influence, and responses to canned laughter. *Journal of Experimental Social Psychology, 41,* 542-550.

Pohlmann, R. & Linnemann, M. (2010). *Sicher im Internet - Tipps und Tricks für das digitale Leben.* Zürich: Orell Füssli.

Provine, R. (2000). *Laughter: A scientific investigation.* New York: Viking.

Regan, D.T. (1971). Effects of a favor and linking on compliance. *Journal of Experimental Social Psychology, 7,* 627-639.

Röttgerkamp, A. (2018). *Wie infiziert sind wir? Malware – Die unsichtbare Bedrohung.* Netzsieger. Verfügbar unter: https://www.netzsieger.de/ratgeber/malware-statistiken [20.05.2018, 09:18 Uhr]

Schaumann, P. (2017). *Schutz gegen Social Engineering – neue psychologische Ansätze.* Verfügbar unter: http://sicherheitskultur.at/social_engineering.htm [17.05.2018, 11:44 Uhr]

Schlenker, B. R., Dlugolecki, D. W. & Doherty, K. (1994). The impact of self-presentations on self-appraisals and behavior. The power of public commitment. *Personality and Social Psychology Bulletin, 20,* 20 - 33.

Schumacher, S. (2013). *Die psychologischen Grundlagen des Social-Engineerings.* Wittenberg: DGI-Forum

Sechrist, G. B. & Stangor, C. (2007). When are intergroup attitudes based on perceived consensus information? The role of group familiarity. *Social Influence, 2,* 211-235.

Sherman, S. J. (1980). On the self-erasing nature of errors of prediction. *Journal of Personality and Social Psychology, 39,* 211-221.

Stöcker, C. (2011). *Nerd Attack! Eine Geschichte der digitalen Welt vom C64 bis zu Twitter und Facebook.* DVA Sachbuch.

Surowiecki, J. (2004). *The wishdom of crowds.* New York: Doubleday.

Taylor, R. (1978). Marilyn´s friends and Rita´s customers: A study of party selling as play and as work. *Sociological Review, 26,* 573-611.

Tedeschi, J. T., Schlenker, B. R. & Bonoma, T. V. (1971). Cognitive dissonance: Private ratiocination or public spectacle? *American Psychologist, 26,* 685 - 695.

Teger, A. I. (1980). *Too much invested to quit.* Elmsford, NY: Pergamon.

Teuscher, U. (2005, May). The effects of time limits and approaching endings on emotional intensity. Paper presented at the meetings of the American Psychological Society, Los Angeles, CA.

van den Berg, H., Manstead, A. S. R., van der Pligt, J. & Wigboldus, D. H. J. (2006). The impact of affective and cognitive focus on attitude formation. *Journal of Experimental Social Psychology, 42,* 373-379.

Weßelmann, B. (2008). *Maßnahmen gegen Social Engineering. Training muss A-wareness-Maßnahmen ergänzen.* DuD - Datenschutz und Datensicherheit, 9/2008, 601-604.

Whiting, J. W. M., Kluckhohn, R. & Anthony, A. (1958). The function of male initiation ceremonies at puberty. In E. E. Maccoby, T. M. Newcomb & E. L. Hartley (Hrsg.), *Readings in social psychology.* New York: Henry Holt and Co.

West, S. G. (1975). Increasing the attractiveness of college cafeteria food: A reactance theory perspective. *Journal of Applied Psychology, 60,* 656-658.

Wooten, D. B. & Reed, A. (1998). Informational influence and the ambiguity of product experience: Order effects on the weighting of evidence. *Journal of Consumer Research, 7,* 79-99.

Worchel, S., Lee, J. & Adewole, A. (1975). Effects of supply and demand on ratings of object value. *Journal of Personality and Social Psychology, 32,* 906-914.

Young, F. W. (1965). *Initiation ceremonies.* New York: Bobbs-Merrill.